法哲学名著译丛

法律、自由与道德

〔英〕H. L. A. 哈特 著
钱一栋 译

LAW, LIBERTY, AND MORALITY

H. L. A. Hart

H. L. A. Hart

LAW, LIBERTY, AND MORALITY

Published in English by Stanford University Press

Copyright ©1963 by the Board of Trustees of the Leland Stanford Jr. University

Renewed ©1991 by H. L. A. Hart. All rights reserved.

This translation is published by arrangement with Stanford University Press, www. sup. org.

本书据美国斯坦福大学出版社 1963 年版译出

《法哲学名著译丛》编委会

主　编　吴　彦
编委会成员（以姓氏笔画为序）
王　涛　　王凌皞　　冯　威　　孙海波　　朱　振
朱明哲　　汤沛丰　　杨天江　　宋旭光　　陈　辉
郑玉双　　周国兴　　姚　远　　徐震宇　　钱一栋
黄　涛　　黄钰洲　　鲁　楠　　董　政　　雷　磊

目　　录

前言 ·· 1

第一篇
道德的法律强制 ·· 8
图谋败坏公共道德 ··· 12
卖淫与同性恋行为 ··· 18
实在道德与批判性道德 ·· 21

第二篇
使用例子与滥用例子 ·· 27
家长主义与道德的法律强制 ··································· 31
刑罚的道德等级 ··· 34
私下不道德与公开的下流行径 ································ 37
温和命题与极端命题 ·· 45

第三篇
各种各样的强制实施 ·· 49
报应与谴责 ·· 54
维续道德与道德保守主义 ······································ 61

道德民粹主义与民主 ………………………………… 67

结论 …………………………………………………… 70

相关文献 ……………………………………………… 72

索引 …………………………………………………… 74

附录　作为政治哲学家的哈特 ……………… 约翰·菲尼斯　77

译后记 ………………………………………………… 115

前　　言[*]

借此书再版的机会，我要简单写点评论，这么做也许有助于说明全书要旨和立论范围——我觉得我的一些批评者可能对此抱有误解；我也要回应下德富林勋爵极力强调的一项主要批评。我还列了一组与本书主要论点相关的文献，它们更重要，也更富启发性。

一

我于1962年在斯坦福大学做了三次讲座，本书的内容就是那三篇讲稿。和我更早之前写的两篇论文——《不道德和叛国罪》("Immorality and Treason", *Listener*, 1959)及《使用刑法与滥用刑法》("The Use and Abuse of the Criminal Law", *Oxford Lawyer*, 1961)类似，这三次讲座旨在为英国当时围绕刑法的恰当适用范围展开的公共讨论出一份力。这场讨论的导火索是同性恋犯罪和卖淫委员会于1959年[**]发布的报告(《沃尔芬登报告》)，它

---

[*] 此文为本书再版(牛津大学出版社版1981年)前言，在征得斯坦福大学出版社同意后，特收录于此。——译者

[**] 原文如此。《沃尔芬登报告》的实际发布时间为1957年9月。——译者

建议取消对成年人之间私下自愿的同性恋行为所作的刑事制裁。理由是，即便人们普遍认为这种行为不道德，要证成这样使用刑法也必须给出更多理据：法律不能仅仅因为某种行为根据特定社会中被广为接受的标准被认为是不道德的就对其进行管控。德富林勋爵当时是常任上诉法官、卓有声望的律师。在1959年为不列颠学院(British Academy)所作的以"道德的法律强制"为主题的马卡比演讲(Maccabean lecture)中，他抨击了沃尔芬登委员会提出的这一论证。这篇讲稿后来和其他文章一起收录在1965年出版的同名著作*中。他的核心论证是，就维续社会而言，主流道德就像得到人们认可的政府一样必要，而道德的法律强制之所以能证成，就是因为我们可以用法律来维续任何对社会的存在而言至关重要的事物。德富林勋爵发现，不道德——具体是指违反社会主流道德规范的行为——和叛国罪有类似之处，并主张压制这种不道德行为与镇压颠覆活动一样，是法律的分内之事，且可基于相同的理据得到证成。

要理解本书，必须把握这一点：书中的论证主要是否定性的，意在回应德富林勋爵所提出的、用以证成使用刑法来惩罚背离社会主流道德之行为的具体理由。通过区分实际流行于社会中的"实在"道德和"批判性"道德，我力图使之变得清晰；我还强调，德富林勋爵和我之间的根本争议是，行为——无论何种行为——被社会实在道德禁止这一单纯的事实有何种意义。我的部分批判者

---

* 即 The Enforcement of Morals 一书。中译本将书名译为《道德的法律强制》(马腾译，中国法制出版社2016年版)，本书遵从这一通行译名。——译者

批评我接受了德富林勋爵错误且误导人的道德定义。他们不会认为某些行为标准在特定社会被普遍认可且受到"不容忍、愤慨和厌恶"(在德富林勋爵看来,这是法律可以强制实施的道德的几项标志)情感的强烈支持这一事实足以使这些标准被描述为"道德"。我的批判者还抱怨我没能在此书中研究,根据更可取的道德定义,可能会有什么理由能够来为强制实施此种道德的要求作辩护。这些批评当然指出了重要的问题,但我确信,在普通人看来,德富林勋爵给出的那类理由乍看之下有很强的吸引力。这些男男女女普遍接受习传道德,对之抱有和德富林勋爵一样的理解,且与他一样将之视为社会联结的"无形纽带"。此外,正如我在之后的文章《社会团结和道德的法律强制》("Social Solidarity and the Enforcement of Morality", *University of Chicago Law Review*,1967)中试图证明的,这种观点和埃米尔·涂尔干以及塔尔科特·帕森斯影响极大的社会学理论极为相似。因此,我认为这种观点足够重要,本身就值得被仔细审视,哪怕还存在相当不同的、也许可以为(做了不同定义的)道德的法律强制作出证成的理据。

二

除了反驳德富林勋爵的主要论证路线,我在此书中还对他的这一做法提出了质疑:他援引英国法律中的若干条款,作为法律确实试图强制实施实在道德"本身"的证据;特别是,我们的刑法规定,受害人的同意不能作为反驳谋杀或故意伤害指控的根据,这被德富林勋爵当作道德的法律强制的例子。而我则主张该条款可以被解释为法律家长主义的表现：使用法律阻止人们伤害自己或阻止他们真地同意他人来伤害自己。我承认，约翰·斯图亚特·密尔应该不会认为这种做法可以接受，我批评密尔在拒斥家长主义时太绝对、太教条化了——他过分相信成年人永远最了解自己的利益所在，过分相信为了成年人自身利益对其进行强制总是徒劳无功的。

在收录进他那本书的文章《论道德和当代社会道德》("Essay on Morals and Contemporary Social Morality")中，德富林勋爵回应了我对实在道德的强制实施和家长主义所作的区分，我认为在他对我这本书作的所有批判中，这一回应最为重要。他争辩说，只要承认（实施）任何一种形式的家长主义是刑法的恰当功能，就不能止步于他所谓的"身体家长主义"，或者说"对人之身体福祉的管控"，否则便是前后不一。一旦家长主义得到认可，它就必然把手伸到道德事务上（"道德家长主义"），控制某人的道德福祉使其免受道德伤害，而这与使用刑法来强制实施道德是难以区分的。

这一论证用了一些含混的表述，例如"道德福祉""道德善好"和"道德伤害"，就好像它们与善好、福祉或保护人免受伤害（如果某人被逼着为了自身利益采取防范身体伤害的措施，他便能免受伤害，具体如强迫他在骑摩托时戴上安全帽、在车上系安全带，如此便能远离伤害、疼痛或死亡）一样容易理解。此论证的一切说服力都源于这类表述的使用。迫使人们处于法律惩罚的威胁之下，以让他（例如在性行为上）遵守道德要求，这种做法为何应当被视为是在保护他的某种福祉或者说善好？在我看来，这一问题很让人费解。无论怎么定义道德，这都是个严重的问题；但如果在这一论证中，道德就被定义为在某一社会中得到广泛且强烈支持的习俗，那么这一问题会格外严重。背离某种广为人接受的道德规范——在这一语境中这就是德富林勋爵所说的道德——是一个单纯的事实，单单这一事实本身就算是对背离者的某种**伤害**吗？认为拒绝服从种族隔离道德规范的南非黑人或在殉节被认为是其道德义务的情况下拒绝这么做的印度女人因为这种行为而"在道德上"伤害了自己是很奇怪的。这套逻辑同样适用于这种情形：在主流社会道德禁止同性恋行为的地方拒绝放弃此种形式的性行为。显然，如果"道德福祉"和"道德伤害"想要拥有某种含义，而非只是被人随意用作遵守社会道德、背离社会道德的**同义词**，那就必须有某种独立于（所谓的）行为之不道德性的判别"伤害"的标准。如果没有这种判别标准，这一论点便无法成立：接受"身体家长主义"的人如果逻辑一贯，必然也会将强制实施社会道德视为保护行为人的道德福祉或阻止对他的道德伤害的做法来接受。

三

不过，有两段话我写得比较粗糙，这可能引发了某些误解。我在第 4 页*就本书关注的问题给出了三种不同的表述。某些行为按主流标准来看不道德，这一事实是否给了人们充分的理由，去把它设定为可依法惩罚的行为？强制实施道德本身是否为道德所允许？不道德本身就应该被当成犯罪吗？在后两个表述中，我没有

---

* 此页码为原书页码，即本书边码，下同。——译者

重复"根据主流标准"这一说法,这体现出我写作不够细致,因为正如我的批评者所指出的,如果不把这个说法加进去,那么这三个问题说的就不再是同一回事。但我还是希望,我对实在道德和批判性道德这一区分的强调,以及我在第20页所作的说明——此书关心的问题是可否用法律强制实施实在道德——已经可以让大部分读者明白我的意思了。

不过在提及约翰·斯图亚特·密尔的时候,我同样没能澄清,尽管他会拒斥德富林勋爵为强制实施社会的实在道德本身所作的论证,但与此同时,他自己在《论自由》中详加说明的命题,却以某人的行为在道德上是错误的为唯一根据,证成了对个人自由的干涉,不过在密尔这里,道德错误的判别标准当然不是某一社会中广为人接受的道德,而是这种行为会对他人造成伤害这一事实。

H. L. A. 哈特
1981 年 3 月

相关著述选录

Brown, D. G., "Mill on Liberty and Morality", *Philosophical Review*, 1972, p. 133.

Dworkin, R. M., "Lord Devlin and the Enforcement of Morals", *Yale Law Journal*, 1956, p. 986.

Devlin, Lord, *The Enforcement of Morals*, Oxford: Oxford University Press, 1961.

Dybikowski, J. C., "Lord Devlin's Morality and its Enforcement", *Proceedings of the Aristotelian Society*, 1975, p. 89.

Mitchell, B., *Law, Morality, and Religion in a Secular Society*. Oxford:

Oxford University Press,1967.
Sartorius,R. E.,"The Enforcement of Morality",*Yale Law Journal*,1972, p. 591.
Ten,C. L.,"Crime and Immorality",*Modern Law Review*,1969,p. 648.
———,"Paternalism and Morality",*Ratio*,1971,p. 56.
———,"Enforcing a Shared Morality",*Ethics*,1972,p. 321.
———,*Mill on Liberty* (Oxford University Press 1980).

第一篇

道德的法律强制

这系列讲座讨论的是关于道德和法律之关系*的一个问题。我特意说"一个问题",因为在相关争论——这种争论常常出现在法律和道德被一同提及的场合——进行到最激烈的时刻,人们往往会忽视,以法律和道德的关系为对象的问题不只一个;相反,有许许多多不同的问题,这些问题在很大程度上需要被分开处理。有鉴于此,我先要对四个这样的问题作出区分,并明确我这里要谈的是哪个问题。

---

* 此处的"关系"原文是复数形式(relations),结合后文我们可以看出,这背后的逻辑是,法律和道德可以在不同层面发生关系,它们之间存在多种而非一种关系,因此,以法律和道德的关系为对象的问题有多个而非只有一个,明确自己谈的是哪一个问题其实就是在澄清自己关注的是法律与道德的何种关系。与英语不同,汉语中单复数一般靠语境提示而非以单复数形式体现,明确加入"多种""诸种"之类的表述往往意味着,对象的复数性质在论证中扮演着重要角色。此处之所以没有将"relations"译为"诸种关系",是因为哈特用复数似乎只是出于单纯的语法考虑,而不是要在这里强调关系的多样性。事实上,哈特并没有在关系的多样性这一点上做文章,他绕过关系直接谈问题的多样性。因此将"relations"直接译为"关系"也许能更好地体现哈特的论述逻辑,中文表达也不至于过分累赘。——译者

第一个是历史性、因果性问题:法律的发展是否曾受道德的影响?此问题的答案无疑是肯定的;虽然这当然不意味着相反的问题——道德的发展是否曾受法律影响?——可能不会同样得到肯定的答案。后一个问题几乎没有被充分探究过,但对前一个问题,英美学界已经做了许多优秀的研究。这些研究展现了道德决定法律发展过程的多种方式:有时通过司法程序隐蔽而缓慢地进行,有时通过立法公开且迅捷地进行。关于历史因果问题,我在这里不会多作展开,唯一想提醒的是,这个问题以及相反的问题得到肯定回答并不意味着关于法律和道德之关系的其他非常不同的问题也会得到肯定的回答。

第二个问题也许可以称为分析问题或定义问题。要对法律或法律体系作出充分的定义就必须多少提及道德吗?还是说,法律与道德常常重合(例如它们都禁止某些类型的暴力和欺诈)且都使用"权利""义务"和"责任"等词汇只是一个偶然的事实?在法哲学的历史长河中,这些问题很出名,但也许,它们并没有耗费其中的时间和笔墨所显示的那么重要。有两个因素导致人们没完没了地或看上去在没完没了地讨论这些问题。首先,由于使用"实证主义"和"自然法"之类的模糊大词,这个问题被遮蔽了。相关争论中旗帜飞扬、派系林立,热闹是热闹,但也往往吵得一团乱。其次,在这场争吵中,人们几乎没有谈及判断法律定义是否完善的标准。这样一种定义要说明普通人在使用"法律"或"法律体系"等语词时致力于传达的意思(如果说他们终究有所意指)吗?还是说,它应致力于通过将某些社会现象区分于其他现象,给出一种在理论上有用的或能澄清现象的分类?

第三个问题关注的是对法律作道德批判的可能性和形式。法律向道德批判敞开怀抱吗？还是说，一条规则在被承认是有效的法律规则后就可以摆脱道德批判，不再受诉诸道德标准或原则的谴责了？可能几乎没有哪个读者会在下述断言中发现任何矛盾或悖谬之处：一条法律规则有效，但又和某些有约束力的、要求人们按照与这条法律规则的要求相反的方式行为的道德原则相冲突。然而与我们同处一个时代的凯尔森①曾主张，这一断言中存在逻辑矛盾，除非它仅仅被解读为说出此断言者的自传性陈述或心理学报告：他有遵守法律以及听从道德原则从而违背法律这样两种相异的倾向。

第三个问题下面有许多次级问题。即便我们像大部分人那样，承认对法律作道德批判是可能的，我们也可能会问，是否存在某些与法律有着独一无二关联或者说独有联系的道德批判形式。以正义为根据所作的批判是否穷尽了一切相关形式？还是说，"善法"的含义与"正义之法"不同且更为宽泛？正义是否如边沁似乎曾认为的那般，仅仅是功利或福利之有效分配的名称，或者如果不是这样的话，它是否可以化约为功利或福利？人们常用功利主义来对社会风俗制度（social institutions）*作道德批判，但在这个议题上，会有人认为简单诉诸功利主义是不够的。

第四个问题是这系列讲座的主题。该问题关注的是道德的法

---

① Hans Kelsen, *General Theory of Law and State*, pp. 374—376, 407—410.

* "institutions"一词在本书中多次出现，之所以将其译作"风俗制度"这样一个读来有些别扭的并列词组，是因为哈特笔下的"institutions"不仅指单纯的制度，也包括道德、风俗习惯等在内，而汉语中似乎没有哪个词语能兼顾这两层含义。——译者

律强制,人们用各种不同的方式对其作过表述:某些行为按主流标准来看不道德,这一事实是否给了人们充分的理由,去把它设定为可依法惩罚的行为?强制实施道德本身在道德上是否可允许?不道德本身就应该被当成犯罪吗?

对于这一问题,约翰·斯图亚特·密尔早在一百年前就在他的论说文(essay)《论自由》中作出了坚决的否定回答,他在此文中用以表述这一回答的名言表达了这篇文章的中心思想。他说:"只有意在阻止对他人的伤害时,以违背文明共同体中任何成员之意志的方式运用权力才算是正当的。"② 他想把许多不同的事物排除在(充分合理的干涉理由之)外,为了明确到底是哪些事物,他补充道:"他自己的好处,无论物质上还是道德层面的好处,都不是充分的理由。他不能因为下述理由而被正当地强迫去做某事或被强迫忍耐克制:这样做会给他带来好处,这样做会使他更幸福,这样做在别人看来是明智的乃至正确的。"③

密尔告诉我们,这一理论只适用于"各项能力已发展成熟"的人:它并不适用于小孩和落后的社会。即便如此,它也已经受到诸多学术性批判,这些批评有两个不同的根据,它们实际上相互矛盾。一些批评者曾强烈主张,密尔尝试在法律可以干涉和不能干涉的领域之间画出的界线似是而非。"没有人是一座孤岛";在组织完善的社会,不可能将没有伤害任何人或不伤害除行为人自己之外的任何人的行为类型识别出来。另一些批判者承认,对行为

---

② *On Liberty*, Chapter 1.
③ *Ibid.*

作这样一种区分是可行的，然而他们坚持认为，密尔将法律强制的范围限定为伤害他人的那类行为是武断的。于是这些批判者主张，我们有很好的理由来强制人们服从社会道德、惩罚背离社会道德的行为，哪怕这些行为并没有伤害他人。

我会主要联系性道德这一特定主题来思考这场争论——在性道德领域，这种说法初看之下似乎有点道理：某些行为按公认的标准是不道德的，但又没有伤害他人。但为了防止误解，我想先**提醒**读者注意，我并不想要捍卫密尔的一切观点，因为我自己认为除了阻止伤害他人，可能还有其他理据能证成法律对个人的强制。但在道德的法律强制这一更为具体的主题上，我认为密尔是正确的。当然可能有人单纯就是主张，没必要提供论证来证成这种做法，即社会用法律来强制实施它所接受的道德，因为这是被强制实施的道德。但批评密尔的人并未诉诸这种蛮不讲理的主张。事实上，他们提出了许多不同的论证来证成道德的法律强制，但我将试图证明，所有这些论证或者以缺乏根据的事实假设为基础，或者以某些很大程度上是因为表述含糊或说得不够精确才显得有说服力的评价为基础——在作出批判性审查后，这种说服力就会减弱，乃至彻底消失。

图谋败坏公共道德

刑法是否应当用于惩罚不道德"本身"？最近几年，在英国社会的相关实践中，这个问题又变得非常要紧。因为我觉得英国又出现了或可称为**法律道德主义**的思潮。在法庭内外，法官们都在不厌其烦地表达这样一种观点:性道德的强制实施是法律事业的恰当组成部分——以至于有位法官宣称,这就像镇压叛国行为一样,是法律的职责所在。也说不清法律道德主义为何会复活:必定有许多因素在起作用,或许包括这样的观念,即普遍且强硬地对任何形式的不道德行为施加制裁也许可以用来应对犯罪数量普遍上升的趋势——我们所有人都备受其扰。但无论因为何种原因复活,这一司法思潮终究是太过头了。去年,议会上院在"肖诉检察长案"(*Shaw v. Director of Public Prosecutions*)④中为一个许多人以为在 18 世纪便已躺进坟墓的观念(它本身是星室法庭*创造出来的)招魂:"图谋败坏公共道德"是一种普通法上的罪行。这一判决造成的结果是,英国的检察机关如今可以用曼斯菲尔德勋爵(Lord Mansfield)于 1774 年提出的判决意见——"肖案"中的一些法官在相关陈词中援引了这一意见——来应对他们需要处理的复杂问题了。

> 无论伤风败俗、轻浮放荡(*contra bonos mores et decorum*)意味着什么,它们都为我们的法律原则所禁止,作为公共道德的总监察者和守护者,王座法院必须制止和惩罚这类行为。⑤

---

④ (1961) 2 A. E. R. 446. (1962) A. C. 223.
* 星室(star chamber)是威斯敏斯特宫里的一处厅堂,星室法庭因在此进行审判而得名。由于恶名昭著,星室法庭也成了"专断暴虐的法庭"的代称。——译者
⑤ *Jones v. Randall* (1774). Lofft. At p. 385.

与美国许多州一样,在加州刑法典的罪行名录中当然也能找到"图谋损害公共道德"这一罪名,如果美国人得知,英国议会上院将此行为入罪意味着出现了一种新动态,他们可能会觉得挺奇怪。不过美国成文法中有许多不再执行的刑事规定,美国人对这些法律废品(legal lumber)早已见怪不怪了;但英国人却不是这样。并且我确信,至少在加州,人们完全可将"图谋败坏公共道德可以入罪"这一条款视作一纸空文。而英国如今的情况与之不同,"肖案"确实使用了这条法律,可以预见,议会上院未来还会因此使用这条法律,这些情况都值得认真考虑。

"肖案"的相关事实还不至于让我们对被告人产生同情。肖编写并出版了一本名为《小姐名录》(*Ladies Directory*)的杂志,里面印着妓女的名字和地址,某些页面还有裸照,并暗示了她们提供哪些服务。肖因此被指控并认定犯有三项罪行:(1)出版淫秽作品;(2)以妓女为在《小姐名录》中插入自己的广告而付的钱为生;(3)利用《小姐名录》图谋败坏公共道德。

所有这些看上去可能就像用三把牛刀杀一只鸡,仅仅为了确保对肖的指控成立,并把他送入监狱;但偏好繁复一向是英国法律的风格。议会上院的法官不仅不反对将"图谋败坏公共道德"这一指控加进来,还在有一位异议者(里德勋爵)的情况下肯定了起诉方的这一论点,即根据英国法这依然是一项罪行,并强调这么判是件好事,就该这么判。为了强调这一点,他们事实上踏入了政策的领域,而英国法官很少这么做。

为了说明这条新近复活的刑法规定确实符合当下所需,有位法官——西蒙兹勋爵,他之前是大法官——做了下述引人注目的陈述：

> 在星室法庭久已被废除的年代，曼斯菲尔德勋爵宣称王座法院是人民的风俗检察官（*custos morum*），负有监管伤风败俗之举的职责。他当时和我现在做的是同样的事情，即提出这样一项主张：在成文法尚未取代普通法的情形中，那个法院留有监管那些危害公共利益之罪行的权力。这类情形很少会出现，因为当议会打起精神时，立法的速度并不慢。但空隙依然存在并将永远存在，因为没人能预见到人性之恶可能会破坏社会秩序的所有方式。让我举个简单的例子……让我们假设，在未来某时——可能就在眼前了——成年男性之间自愿的同性幽会不再被认为是一种犯罪。即便没有猥亵内容，这种做法被小册子和广告堂而皇之地提倡、鼓励就不是一种罪行了？还是说我们必须等议会腾出时间来处理这种行为？爵爷们，我认为如果普通法在这种时候无能为力，我们就不应再对她顶礼膜拜了。但我想说，她的双手依然有力，女王陛下的法官们应该尽到曼斯菲尔德勋爵向他们指明的职责。⑥

这无疑是繁复花哨的英国司法修辞的典范。将来的法官可能会把其中的许多话看作判决附带意见（*obiter dictum*）而不予考虑。但议会上院就"败坏公共道德"这一极端含糊——事实上是令

---

⑥ *Shaw v. Director of Public Prosecutions* (1961) 2 A. E. R. at pp. 452-453. (1962) A. C., at p. 268.

人费解——的观念所作的解释已经为对不道德本身施加刑罚提供了强大的武器。因为从对此案陪审团所作的那种指示（议会上院对此表示赞同）中可以清楚看到，虽说必须查明一般会被认为构成"图谋"或"败坏"的事情，但在实践中，这种要求并未构成任何限制。正如里德勋爵所言，这些强有力的言辞已经"打了折扣"，所需查明的仅仅是被告人同意去做某些在陪审团看来可能"导致他人走上道德歧途"的事情，或同意去说某些会导致这种后果的话。[7]此外不需要有什么接近"公众"的途径，也不需要这里所说的道德有什么别的"公共"含义，只要它是被普遍接受的道德就行。

英国法学家还没弄清楚，这一极端宽泛的普通法罪行和定义了某些与性道德有关的具体罪行的成文法之间是什么关系。检察机关如今可能会用这一普通法罪行来回避成文法或法定辩护施加的限制，但这种做法无疑存在争议。因此有部法律[8]（因为这部成文法，去年在英国，对出版 D. H. 劳伦斯的《查泰莱夫人的情人》的控告未获成功）规定，要考虑对科学、文学和艺术或对学习（learning）的影响，如果据此证明出版相关书刊是为了促进公共善（public good），那就不该根据此法判定任何罪行。因此在那起案件中，证明存在这些价值的证据也被提交了上去。如果出版商被指控图谋败坏公共道德，那么此书在文学或艺术上的价值就无关紧要了，相应的指控很可能会成功。同样地，虽然在最近的立法中，议会已不再将卖淫本身（这不同于在街上或公共场合招揽嫖

---

[7] (1961) 2 A. E. R., at pp. 461, 466; (1962) A. C., at p. 282.
[8] *The Obscene Publications Act 1959*.

客)视作一种犯罪,⑨但似乎根据"肖案"所提供的教义,法院可以制定议会未曾制定的罪名。已经有人在对这一可能的做法表达忧虑了。⑩

对于"法官应当发挥风俗检察官或'公共举止的总监察者和守护者'式的作用"这一死灰复燃的观点,"肖案"中的法官很重视,其重视程度可以通过下面这两点来把握。首先,这一观点的复活显然是有意为之的政策行为,因为即便在英国严格的遵循先例原则的管控之下,那些被援引为先例的古老案子也显然能够为随便哪种判决提供依据。其次,法官似乎乐于付出牺牲其他价值这一巨大代价,来确立——或者说重新确立——法院作为风俗检察官的地位。他们牺牲的一项独特价值就是合法性原则,这一原则要求刑事犯罪被尽可能精确地定义,以便事先就能比较确定地知道哪些行为是犯罪哪些不是。"肖案"导致的其中一个后果是,事实上任何合作行为(cooperative conduct),只要陪审团溯及既往地认为它是不道德的,那它就是犯罪。在现代欧洲法律制度中,与这一做法最相似的可能是纳粹时期德国法律中的这一规定:任何事情,只要根据"刑法和可靠的大众情感中的基础观念"应当被惩罚,那它就可以被惩罚。⑪ 不难想象,密尔会因"肖案"中适用的法律允许粗暴地侵犯个人自由而战栗,边沁⑫则会惊骇于它漠视法律的确

---

⑨ *The Street Offences Act 1959.*

⑩ *Manchester Guardian*, January 31, 1962; 评论见: *Weisz v. Monahan* (1962) 2 W. L. R. 262. 也参见: *R. v. Quinn* (1961) 3 W. L. R. 611.

⑪ Act of June 28, 1935.

⑫ *Principles of the Civil Code*, Part I, Chapter 17 [I (Bowring ed.) Works 326].

定性价值,增加他所说的"溯及既往的法律"。⑬

卖淫与同性恋行为

"肖案"中还有很多有趣的地方。败坏**品行规范**或者说**道德**究竟是什么意思呢?但我得稍后再对这一问题作进一步思考,先要概述下另一个争议性话题,这个话题最近在英国引发了对以法律手段强制实施道德的争论,且已促使人们努力去澄清那些岌岌可危的原则。

在英国,长久以来人们就对关于卖淫和同性恋的刑法规定有所不满。1954 年,以"沃尔芬登委员会"之名为人熟知的那个委员会被任命来评估刑法的状况。他们出具的报告⑭在 1957 年 9 月公布,其中提议对与这两个问题相关的法律作若干调整。关于同性恋,他们以 12 比 1 的多数建议,成年人之间私下自愿进行的同性恋行为不应再被认为是犯罪;至于卖淫,他们全体一致提出了如下建议:虽然它本身不应被认为是非法的,但对普通公民而言,公开揽客是种令人讨厌的冒犯行为,因此应该立法"将其赶出街头"。

---

⑬ 格兰维尔·威廉姆斯(Glanville Williams, "Conspiring to Corrupt", The Listener, August 24, 1961, p. 275)以这些为依据,对"肖案"做了批评;霍尔·威廉姆斯 [Hall Williams, 24 Mod. L. R. 631 (1961)]说它是场"荒唐的裁判";戴维斯 [D. Seaborne Davies, "The House of Lords and the Criminal Law", J. Soc. Public Teachers of Law (1961), p. 105]认为这是"一场恶劣的表演"。古德哈特[A. L. Goodhart, 77 Law. Q. R. 567(1961)]则夸它是"对刑法发展的重要贡献"。

⑭ Report of the Committee on Homosexual Offences and Prostitution (CMD 247) 1957.

政府最终通过立法⑮将该委员会关于卖淫的建议落实了下来，关于同性恋的则未被采纳，并且到目前为止，由个人发起的、试图通过立法来修改这方面法律的尝试都失败了。

在此，我们主要关心的不是沃尔芬登委员会所提建议的命运，而是这些建议所拥护的原则。这些原则和密尔在其论说文《论自由》中阐述过的那些原则非常相似。沃尔芬登报告第 13 节这样写道：

> 正如我们所见，（刑法的）功能是维护公共秩序和正派作风，保护公民免受冒犯和伤害，并有力地守护人们免受他人剥削和腐化，尤其是要守护那些格外脆弱的人，因为他们还年轻，身体和思想都比较脆弱或者说还缺乏阅历……

刑法的积极功能这一观念是该委员会提出关于卖淫的建议的主要根据，他们提议应当通过立法来抑制那些冒犯公众的公开卖淫行为，但不应将卖淫本身视作非法行为。他们还提议，对成年人间私下自愿进行的同性恋行为应该放宽限制，这一建议的基础是报告第 61 节做了简要陈述的这个原则："必须为私下的道德和不道德留出空间。简而言之，这些不归法律管。"

说来有趣，发生在英国的这些进展都以差不多的形式在美国出现过。1955 年，美国法学会在出台模范刑法典草案时提了一项建议：成年人之间私下发生的一切自愿关系都应排除在刑法管控

---

⑮ The Street Offences Acts 1959.

范围之外。它的根据(当然还有别的根据)是,"成年伙伴之间私下自愿进行的另类性行为没有引发对共同体世俗利益(secular interests)的伤害"[16];以及"这会涉及一个根本问题,即每一个人都有权保护自己在不伤害他人的私人事务上免受国家干涉"[17]。法学会的咨询委员会赞成这项提议,但在理事会投票中遭遇多数否决。因此这个问题被提交给于1955年5月在华盛顿举办的法学会年会来解决。经过激烈争论,这项建议——刚卸任的勒恩德·汉德法官在其雄辩的演说中对其表示了支持——以35比24的多数结果被采纳了。[18]

从前面的内容中我们应该可以很清楚地看到,密尔提出的诸项原则虽然可能有这样那样的理论缺陷,但在批判法律时,它们依然有生命力。不过在一百年间,已经有两位普通法大师对其提出了两次挑战。第一位是维多利亚时代的伟大法官和刑法史学家詹姆斯·斯蒂芬(James Fitzjames Stephen)。他对密尔的批评写在那本风格沉郁、令人过目不忘的著作《自由、平等、博爱》(*Liberty, Equality, Fraternity*)[19]中,他写这本书就是要直接回应密尔的《论自由》。从此书的语气中我们不难看出,斯蒂芬认为自己已经找到了反驳密尔的决定性论据,已经说明了以法律强制实施道德本身——用他自己的话说就是,法律应该"对付那些尤为恶劣的恶

---

[16] American Law Institute Model Penal Code, Tentative Draft No. 4, p. 277.
[17] *Ibid*., p. 278.
[18] 《时代周刊》(*Time*, May 30, 1955, p. 13)报道了这场争论。
[19] 2nd edition, London, 1874.

行"[20]——是可以被证成的。将近一个世纪后《沃尔芬登报告》出台,如今已是议会上院议员和刑法领域最杰出作家的德富林勋爵在收录于《道德的法律强制》的文章中将这份报告的如下论点作为批判对象:"必须为私下的道德和不道德留出空间。简而言之,这些不归法律管。"德富林提出了针锋相对的主张:"压制恶行与压制颠覆活动一样,是法律的分内之事。"[21]

虽然这两位法学家之间相隔一个世纪,但他们的论证总体论调极为相似,有时在一些细节上也若合符节。这系列讲座接下来都将致力于检讨这些论证。我之所以这么做,是因为他们的论证虽然在某些地方比较含糊,但无疑仍值得以理性的反驳来应对。他们不仅令人钦佩地给出了许多具体的例子,而且表达出了训练有素、心思缜密且有丰富刑法实务经验的法律人深思熟虑的观点。这类观点如今依然广为人接受,英国和美国的法律人尤其认同;事实上,相比密尔的自由理论,这类观点在这两个国家可能还更为流行。

实在道德与批判性道德

在我们思考这些论证的细节之前,我想有必要先搞清楚我们关注的这个问题所具有的三个特征,这些特征互不相同但彼此关联。

---

[20] Liberty Equality, Fraternity, p. 162.
[21] Oxford University Press, 1959.

在第 4 页给出的三个提法中,我们很容易看出这是一个**关于**道德的问题,但很要紧的一点是,我们得注意到,这本身也是一个**出于**道德的问题(a question *of* morality)。它问的是,道德的法律强制是否得到了道德证成;因此,道德以两种方式切入这一问题。这个特征很重要,因为这意味着下面这种说法显然不构成对此问题的充分回答:在某个社会——我们自己的或其他的社会——人们事实上广泛认为,借助法律惩罚来强制人们服从广为人接受的道德在道德上是非常正当、非常恰当的。在严肃讨论这一问题的人当中,不会有谁认为光靠证明下面这点就可以驳倒密尔:某些社会准许通过法律强制实施道德共识,哪怕人们并不认为不道德行为会伤害他人。有些社会将白人和有色人种之间的交往贬斥为不道德之事,并对其进行法律惩罚,但存在这种社会并不意味着我们的问题没什么可争论的了。的确,密尔的批判者经常充分利用这一事实:英国法很多时候确实会——显然得到了主流道德观念的支持——对不道德本身施加刑罚,在与性相关的事情上尤其如此;但他们往往承认,这是论证的起点而非终点。事实上后面我将主张,被某些法学家视为强制实施道德"本身"的例子并做了过分强调的事实有时候是模糊不清的。但他们绝没有认为,指出这些社会事实就能证明自己的论据。相反,他们尝试将自己的结论——以这种方式使用刑法在道德上可证成——建立在若干原则之上,他们相信这些原则普遍适用,并认为它们或者一看就很合理,或者在经过讨论后会让人觉得合理。

因此,德富林勋爵将他对这一问题的肯定回答建立在了一个相当普遍的原则之上:任何社会都可以采取能使之作为一个井然有序的社会存续下去的措施,[22]他认为不道德——即便是私人在性问题上的不道德——就像叛国一样,可能会危害社会的生存。当然,我们许多人都可能会怀疑这个普遍原则,而非只是怀疑他将不道德与叛国作类比能否成立。我们可能想要争辩说,关于社会是否有正当理由采取措施来维续自身,必须视如下两点而定:这是一个什么样的社会,将被采取的是何种措施。如果某个社会把主要精力放在残忍迫害少数族裔或少数宗教群体上,或者如果将被采取的措施包括可怕的折磨,那么在道德层面,这样一个社会陷入德富林勋爵所说的"瓦解"[23]可能比它继续存在下去更为可取,也许不该采取措施来维持这样一个社会。不过,德富林勋爵的原则——任何社会都可以采取能使之作为一个井然有序的社会存续下去的措施——本身并不是作为英国主流道德的构成部分提出来的,因此其说服力并非源于它是我们风俗制度的构成部分这一事实。他是将其作为可以被理性接受的原则提出来的,用以对社会风俗制度作整体性评估或批判。并且有一点很清楚:任何人,只要关注社会是否有"权利"强制实施道德,或者说道德上是否允许其通过法律实施自己的道德这一终究可以被讨论的问题,那他必须借助某种诸如此类的批判性道德中的一般原则。[24] 在探问这一问

---

[22] *The Enforcement of Morals*, pp. 13-14.
[23] *Ibid.*, pp. 14-15.
[24] 德富林勋爵已经因为探问社会是否有**权利**强制实施自己在道德事务上的判断而被批评了,批评的依据是,在这一语境中谈论"权利"是没有意义的。[参见:Graham Hughes, "Morals and the Criminal Law", 71 *Yale L. J.* (1962) at 672.]这一批评存在偏差,原因正在于,德富林勋爵是援引一般性批判原则来支持他对这一问题的肯定回答的。

题时,我们作出了这样的假定:能使我们根据一般性原则和事实层面的知识对任何社会的风俗制度作出批判的视角是正当合理的。

为了把这一要点说明白,我将重新使用上世纪的功利主义者很喜欢用的术语,其将"实在道德"亦即事实上被某一特定社会群体接受和普遍认可的道德区别于用来批判包括实在道德在内的现实存在的社会风俗制度的一般性道德原则。我们可以把这类一般原则称为"批判性道德",把是否可以用法律强制实施实在道德这样一个问题视为批判性道德问题。

我们的问题还有第二个值得关注的特征:这是一个**证成**问题。在提出此问题时,我们至少接受了这样一个一般性的批判性原则,即任何社会使用法律强制手段都需要作出证成,因为某种初看之下令人反感的做法只有当它带来的好处能抵消缺点时才能被容忍。当不存在初看之下的缺陷、错误或罪恶时,人们不会要求证成社会行为或给出这种**证成**,虽然他们可能会要求和给出对这些行为的**说明**,或者也许会尝试证明它们的价值。

仔细研究下为何道德的法律强制初看之下令人反感会很有帮助;因为事实上,"以法律手段强制实施"这一概念并不像人们通常认为的那样简单。它有两个不同但相关的面相。一个是对违法者实际施加的刑罚。典型的做法包括剥夺其行动自由或财产,或者切断其与家人或朋友的联系,或者施加肉体痛苦乃至执行死刑。如果没有专门作出证成,那么所有这些做法施加到别人头上都会被认为是错误的。事实上,一切开化社会的法律和道德都这么判定这类行为。用法律人的话说,这些做法如果没有以制裁的名义得到证成,那它们就是不法行为或犯罪。

"以法律手段强制实施"的第二个面相作用的对象是那些可能永远不会违法,但却是在法律惩罚的威胁下才被迫守法的人。在讨论限制自由的政治举措时,我们一般说的就是这种约束而非物理约束。值得注意的是,人们可能会基于相当不同的理由而认为这种约束需要被证成。人们可能认为,个人不受阻碍地作出自由选择本身就是一种价值,对其进行干涉初看之下就是错;人们也有可能认为,它之所以有价值是因为它能让个人去试验——哪怕是以生活做试验——去发现对他们自己和别人有价值的东西。不过干涉个人自由也有可能被认为是一种需要以更简单的功利理由加以证成的恶;因为它本身是在向那些出于对刑罚的恐惧而打消了欲求的人施加一种特定形式的、常常是很剧烈的痛苦。在通过法律强制实施性道德的情形中,这一点尤为重要。它们可能会带来非常强烈的痛苦。因为压制性冲动过程中遇到的困难和这种压制引发的后果都与放弃"寻常"犯罪很不一样。与性冲动不同,盗窃或伤害乃至杀人的冲动并不是日常生活中反复出现且非常迫切的念头——少数涉及精神异常的情形另当别论。抑制这些犯罪倾向往往不会影响被抑制者的情感生活、幸福和人格的发展或和谐,而压制性冲动一般会造成这种后果。

第三,我们前面对实在道德和批判性道德原则所作的区分也许可以用来消除对这一问题的某种误解,并澄清其要义。有时人们会认为,问题不在于强制实施道德本身在道德上是否可证成,而仅在于**何种**道德可以被强制实施。可被强制实施的是否只有一种以会对他人造成伤害的行为为谴责对象的功利主义道德?还是说,可被强制实施的是一种还会对某些有无伤害在所不论的行为加以谴责的道德？以这种方式看待此问题怎么说都歪曲了当下这场争论的特征。坚持认为法律只应惩罚有害行为的功利主义者将这个主张视作一项批判性原则，并且在这样做时，他完全不关心功利主义道德是否已经被他自己主张的批判性原则适用其上的社会的实在道德所接受。如果它已经被接受了，那么在他看来这也不是它应该被强制实施的理由。诚然，如果他能成功将自己的启示（message）传布于特定社会，该社会的成员就会被迫在某些方面像功利主义者那样行为，但这些事实并不意味着他和他的反对者之间的关键区别仅仅与被强制实施的道德的内容有关。因为就像我们可以在对密尔的几项主要批判中看到的那样，功利主义者的对手（他们坚持认为强制实施道德本身在道德上是可允许的）相信，某些行为规则或者说行为标准乃是一个社会的实在道德这一事实本身就是证成通过法律强制实施这种道德的理由，或至少是部分理由。无疑，在更早的争论中，对立立场是不一样的：那时的问题可能是国家是否只能惩罚引起世俗伤害的行为，还是说违背被认为是神令或自然法指示的行为也可以被惩罚。而就这场争论的现代形态来说，决定性的一点是某些行为——无论它是什么——被实在道德禁止这一历史事实的意义。功利主义者认为它在强制实施实在道德这一问题上没有丝毫证成意义；功利主义者的对手则主张它有。这些是立场相左的批判性原则，它们的差异不仅体现在要被强制实施的道德的内容上，还体现在一个更为根本也显然更为有趣的问题上。

第二篇

使用例子与滥用例子

无论在英国还是美国，有些刑法规则依然只能被解读为是在尝试强制实施道德本身：压制那些被实在道德谴责为不道德的行为，虽然它们不包含任何会被普通人认为伤害到他人的因素。这类例子大部分来自性道德领域，在英国，它们包括针对下述行为的法律：男性间各种类型的同性恋行为、异性间（即便已婚）的肛交、人兽交、乱伦、靠卖淫收入为生、为卖淫提供场所以及随"肖案"判决而来的图谋败坏公共道德行为——其实质含义被解读为导致他人（在陪审团看来）"道德败坏"。有些人还会往这一清单中加入更多实例：禁止堕胎、禁止那些不涉及欺骗的重婚或多妻行为、禁止自杀和安乐死的法律。但正如我稍后将会论证的，把后面这些实例看作强制实施道德本身的尝试是不对的，因为这么做意味着忽视某些重要的区分。

在美国，粗粗看下各州的刑法我们就会发现某些令英国人惊讶的内容。因为除了依据英国法可以被惩罚的犯罪，它们似乎也没有给别的性行为留下空间，唯有夫妻间"正常的"关系和单身者的手淫行为例外——按某个州的规定,手淫不在禁止之列。在英国,克伦威尔时代之后刑法便不再惩罚通奸(adultery)行为,但美国有许多州依然把这视作犯罪,虽然在少数一些州,它只有在变得公开、臭名昭著或长期维持的情况下才算犯罪。私通(fornication)*在英国和大部分文明世界的国家都不是犯罪,但在美国,只有少数州的成文法没有规定在某些条件下私通是可以惩罚的,有些州甚至可以对单次行为作出惩罚。① 除了成文法条款,还有数量不明的地方法令或者说区域性法令,在某些情形中,这些法令比州的法律更严格,虽然因此之故这些法令效力可疑,但它们已经被强制实施了。加州刑法并没有把卖淫或私通认定为犯罪,但很多年来,在洛杉矶都有人因为触犯一部地方条例被宣告有罪(俗称"非常规对策"),唯一的罪证就是他们用了一个用来私通的房间。②

无疑,这部用来对付性不道德的美国法规中有许多内容——可能是大部分内容——都像人们说的那样,已经形同虚设了。但关于法律强制的实际状况目前还难以确定。包括加州在内,许多州每年的犯罪统计一般只把性犯罪分为"强奸"和"其他性犯罪"两类,不会再进一步分类。但在波士顿,最迟到 1954 年还有报道提到,与性问

---

* "fornication"是相互间没有婚姻关系的人自愿进行的性行为,也有译作"淫乱"的。一般来说,"adultery"特指特别严重的一类"fornication",犯下"adultery"的人已经与他人结婚,犯下非"adultery"的"fornication"罪行的当事人则是单身。——译者

① 参见美国法学会模范刑法典初稿中(No.4,pp. 204-210)的简要总结。

② 1961 年 12 月,州最高法院主张这部条例与州法律冲突,是无效的。相关内容,参见:*Carol Lane*,Crim. No. 6929,57 A. C. 103,18 *Cal. Rpter.*,33。这一点在 1962 年 6 月 28 日的复审后得到了确认。参见:22 *Cal. Rpter.*,857。

题有关的法律得到了"正常的"强制实施；而在 1948 年，有 248 起因通奸被捕事件发生于波士顿。③ 我想谁都不应该在注意到这一状况后还心满意足，因为统计数据披露不完善且刑法常常不被执行意味着警察和检察机关握有令人恐惧的区别对待权力。

　　密尔的批判者总是会提到，对不道德本身施加刑罚的法律事实上存在，就好像在某种意义上，这一事实能够挑战密尔的主张——密尔认为刑法不应服务于这种目的。为密尔辩护的人确实抱怨过，这些批判者在这么做时陷入了推理谬误之中，或说了些和主题无关的话。例如约翰·莫利（John Morley）在一句很生动的话中写道，在斯蒂芬的书中"大量乱糟糟的内容用来"证明存在此类法律；他认为斯蒂芬根本没有认识到，"确实存在被列举出来的这类法律，但这一事实与密尔先生的论点完全无关，后者主张，如果这种类型的法律不存在会更好"④。事实上，斯蒂芬（除了有一处⑤）和同样诉诸英国刑法实际内容的德富林勋爵都没有陷入这种从是什么推出应该怎么样的论证谬误之中，他们的论述也并非和主题无关。斯蒂芬在被莫利逼着说明为何他认为自己举的例子和他的论点有关时解释说，他认为"证明'密尔的观点与大部分民族在经验的指引下得出的实践结论不一致'并非和主题无关"。德富林勋爵也说了差不多的话：

　　　　这一论点和英国现今实行的法律的根本原则是否一致？

---

③　American Law Institute, Model Penal Code, Tentative Draft No. 4, p. 205, n. 16.
④　转引自：*Liberty, Equality, Fraternity*, p. 166 n.
⑤　*Ibid.*, pp. 171-172.

这是对它进行检验时优先采取的方式，虽然绝不是决定性方式。在法理学领域，如果理论上站不住脚，那么人们可以自由推翻哪怕是具有根本性地位的观念。但看看这一论点在现行法律体系下意味着什么是个很好的起点。⑥

我认为，在这些也许并不十分清楚的评论中，这两位作者试图援引的仅仅是这样一条无害的保守主义原理：有这样一个假定，即普遍存在且确立已久的风俗制度很可能拥有理性主义哲学家不大容易发现的优点。尽管如此，在审查这些作家详加讨论的某些具体的刑法规则或原则时，我们显然可以发现，它们起到的作用模糊混乱、令人困惑。这些例子并非取自性道德领域，并且毫无疑问，许多人虽然站在密尔一边，抗议用刑法来惩罚那些仅仅是冒犯了实在道德的行为，但他们却可能会拒绝否弃这些作者例举的特定刑法规则，或者会犹豫要不要否弃。因此，如果这些规则确实属于只能被解释为以强制实施道德为目的而设计出来的规则，那它们的说服力会很强。用斯蒂芬的话说，我们可能确实会"倾向于怀疑"某个会对这些具体规则作出谴责的原则是否正确。不过我认为，我们有很好的理由反对这些作者将这些规则视作仅以强制实施道德为目的的法律的例子。我们不必在否弃它们和赞成主张刑法可被用于那一目的的原则之间作出选择。不过，我们需要比这些作者更细致地分析这些例子，这就是我现在要做的事情。

---

⑥ *The Enforcement of Morals*, p. 7.

家长主义与道德的法律强制

我要从德富林勋爵强调过的一个例子入手。他指出，除了强奸之类的若干例外情形，刑法从未承认受害者的同意可以用作辩护理由。⑦ 对于谋杀或故意伤害指控，这并不构成辩护理由，这就是为什么在某人自己的请求下以安乐死或者说以无痛的方式终结他的生命依然是谋杀。这是刑法的一条规则，许多人如今希望保留这条规则，虽然他们也想反对用法律来惩罚那些违背实在道德但没有伤害任何人的罪行。德富林勋爵认为这些态度相互矛盾，因为在谈到这条规则时他声称，"只有一种解释"，这就是"存在某些行为标准或道德原则，社会要求人们遵守它们"。⑧ 这其中包括人之生命的神圣性，大概还包括（因为这条规则适用于伤害行为）人的身体完整性。因此在谈到这条规则以及其他情形时，德富林勋爵宣称，刑法的"功能"是"强制实施道德原则，舍此无它"。⑨

但这一论证并非真的那么有说服力，因为德富林勋爵主张"只有一种解释"，但事实并非如此。那些不承认受害者的同意可以用作对抗谋杀或伤害指控的辩护理由的规则，完全可以被很好地解读为是家长主义的体现，其致力于使人免受自己的伤害。对于单纯就被用来强制实施实在道德的法律，密尔会作出抗议，对于用法律保护受害人——甚至包括表达了同意的受害人——免受身体伤

---

⑦ *The Enforcement of Morals*, p. 8.
⑧ *Ibid.*
⑨ *Ibid.*, p. 9.

害的家长主义政策,密尔无疑有可能作出几乎同样强烈的抗议;但这并不意味着这两种政策可以等同视之。事实上,密尔本人非常清楚其中的区别,因为在谴责干涉个人自由的做法(制止伤害他人除外)时,他提到了用来为使用强制手段辩护的几类**相互独立的**不充分根据。他将"因为这对他会更好""因为这会使他更幸福"与"因为按照别人的观点这是对的"做了区分。⑩

在谈到受害者的同意在刑法上的地位时,德富林勋爵表示,如果法律存在是为了保护个人,那就没理由解释,如果某人不想被保护,为何他还应该用法律保护自己。⑪ 但家长主义——保护人们免受自己伤害——是一项极为融贯的政策。事实上,在 20 世纪中叶,强烈主张家长主义会让人觉得很奇怪,因为在密尔之后的年代,自由放任主义(laissez faire)衰落了,这是关于社会历史的老生常谈。在我们的现行法律中,不管是民法还是刑法,随处可见家长主义的例子。如果没有处方,那么哪怕是向成年人提供药物或镇静剂(narcotics)也会被刑法惩处。说规定了这类罪行的法律"只有一种解释"似乎非常武断。这种解释认为,该法律关心的不是保护会伤害自己的潜在购买者,它只关心因售卖者不道德而惩罚他。有一点似乎很明显:如果家长主义是对这类法律的一种可能解释,那么对于拒绝将受害人的同意用作反对伤害指控的辩护理由的规则,它同样是一种可能的解释。无论是何种情形,我们都不会被迫像德富林勋爵那样得出结论说,法律的"功能"是"强制实施道德原

---

⑩ *On Liberty*, Chapter 1.
⑪ *The Enforcement of Morals*, p. 8.

则,舍此无它"。⑫

密尔在他那篇论说文的第五章中对家长主义做了连篇累牍的抗议,我们现在看会觉得很荒诞。他以限制药物销售为例,批评这种做法干涉潜在购买者而非销售者的自由。如果说我们对这一批判不再有共鸣,那部分原因肯定在于,我们不再普遍接受"个人对自己的利益(interests)最了解"这一信念,同时对许多会使乍看之下的自由选择或同意变得不再那么重要的因素有了越来越多的了解。选择或同意可能是在这些情况下作出的:缺乏充分思考或对结果缺乏充分认识;或者只求眼前欲望的满足;或者判断很有可能是在各种会阻碍明晰思考的困境中作出的;或者受到内在心理强迫的影响;或者受制于某类狡诈异常、不会被法院找到证据的人。密尔对家长主义的极端恐惧可能是以他对正常人的理解为基础的,这样一种正常人观念现在看来似乎与事实不符。事实上,密尔笔下的正常人心理品质过分优异了,他看着像是这样一个中年人:欲望相对稳定,不易人为地被外在影响刺激;知道自己想要什么,什么能使他满意或幸福;追求力所能及范围内的事物。

如果希望密尔提出的诸项原则能在我们讨论的刑法规则或家长主义的其他事例面前作出让步,那么确实需要对其作出修正。但对刑法单纯被用来强制实施实在道德这一做法,修正后的诸项原则依然持反对态度。它们只需作出这一规定:我们依然可以尝试通过使用刑法来阻遏伤害他人的行为,哪怕受害人同意或协助

---

⑫ 对这些规则的另一种可能解释,参见休斯:《道德和刑法》(Hughes, "Morals and the Criminal Law"),第 670 页。

他人伤害自己。忽视家长主义和我所谓的法律道德主义的区别后果很严重,它是一种更为一般的错误的具体形式。人们总是认为,如果法律不以使人免受他人伤害为目的,它的唯一原理就只能是,它以惩罚道德败坏或——用德富林勋爵的话说——"强制实施道德原则"为目的。因此常有人竭力宣扬,惩罚残忍对待动物的法律只能作此解释。但无论是作为对促使此类立法产生的原初动机的说明,还是对被普遍认为值得追求的目标的详述,非常合理的解释都是,这一法律关心的是**受苦**——虽然只是动物的痛苦——而非折磨动物者如何不道德。[13] 显然,支持这样使用刑法的人并不会陷入这种困境:为了不陷入自相矛盾而不得不因此承认,刑法可以惩罚不会让任何有感觉的生灵痛苦的不道德行为。

刑罚的道德等级

我现在要回来讨论斯蒂芬犯下的一个非常不同的,可能也更具启发意义的错误,他在试图证明下面这个观点时犯下了这一错误:刑法应该是而且事实上是"对格外严重的恶行的惩戒"[14],而非只是阻止痛苦或伤害的工具。他主张,某些"得到普遍承认且刑罚的尺度据此调节"[15]的原则证明事实就是如此。他的论证就这么简单。在分析罪犯应该受到多严厉的刑罚时,我们总是要评估他

---

[13] 似乎很难理解德富林勋爵在简单提及残忍对待动物的行为时为何会忽视这一点(*The Enforcement of Morals*, p. 17)。

[14] *Liberty, Equality, Fraternity*, p. 162.

[15] *Ibid.*

的犯罪行为道德邪恶程度几何。这就是为什么在大部分案件中，诱惑的强度——它能减少道德罪责——会影响量刑的轻重；而如果法律惩罚的目标仅仅是阻止伤害行为，情况就会变得不同。

法官面前有两个罪犯，一个从案件情节来看应该是无知堕落者，在有地位、受过教育者的影响下被强烈的诱惑控制，后者也犯下了同样的罪行，但所受的诱惑相对较轻。我大胆说一句：既然对他们要区别对待，那么每个英国法官都会轻判前者重判后者。⑯

当然，斯蒂芬在此无疑准确表达了习传观点，刑事法庭常常用这种观点来判案，虽然这一做法如今可能不像斯蒂芬写作时那么受认可了。确实，许多抗议用法律来强制实施性道德的人可能还是会承认乃至会强调，越不道德惩罚就该越严厉，若没那么不道德惩罚就该轻一点。但和其他人一样，斯蒂芬从这一事实推出了太多结论。他主张，如果我们承认这一原则，即罪行之间的道德差异应该反映在法律惩罚的尺度上，那么这就证明刑罚的**目标**不只是阻止"危害社会"的行为，"对格外严重的恶行进行惩戒"也在目标之列。⑰ 他认为，如果刑法的目标是（或者包含）"扬德"和"阻恶"⑱，那就可以推出，"它对恶行的限制便不应仅局限于实现保护自我这一有限目标所需的程度之内，而是要以'恶行是坏的'为一般性根

---

⑯ *Liberty, Equality, Fraternity*, p. 163.
⑰ *Ibid.*, p. 159.
⑱ *Ibid.*, p. 159.

据"[19]。因此我们用法律来惩罚那些被社会谴责为不道德的行为，哪怕它们没什么伤害性。

这一论证自然不合理，原因在于斯蒂芬没能认识到，"对哪种行为的刑罚可以被证成"和"应以何种严厉程度惩罚不同的罪行"是两个截然不同且相互独立的问题。我们可能希望法律对罪行严重程度作出等级划分（表现在刑罚尺度中），且这种划分不会与对这些罪行的不道德程度的常识性评估冲突。之所以如此，有许多原因。其中一个原因是，根据简单的功利主义理据，这种冲突是不可欲的：它或者可能使道德判断变得混乱，或者可能给法律带来恶名，或者可能两种问题都有。另一个原因是，面对不同的犯罪人员，正义或公平的诸项原则要求对道德上不同的罪行作不同处理，相似犯罪作类似处理。这些原则依然广受尊重，虽然当适用这些原则会与诸如预防或改造之类的刑罚的前瞻性目标相冲突时，人们确实越来越不愿意适用这些原则。但那些承认我们应该尝试使刑罚的严厉程度与犯罪的道德严重性相匹配的人，并没有因此就承认仅因不道德而进行惩罚是可以被证成的。因为他们完全可以前后一致地既强调对拥有一套刑罚**体制**的唯一证成是阻止伤害，只有会带来伤害的行为才应该被惩罚，又赞成当"对此类行为施加刑罚的**尺度**为何"这一问题被提出来时，我们应该遵从这些将不同罪犯的相对不道德程度作为刑罚严厉程度的部分决定因素的原则。

一般我们确实无法从用于确定刑罚严厉程度的原则中推出刑罚体制的目标是什么，或对何种行为施加刑罚是可证成的。因为

---

[19] *Liberty, Equality, Fraternity*, pp. 147-148.

其中的某些原则——例如禁止折磨或残忍的惩罚——可能是在维护其他价值。我们愿意向这些价值让步,在追求实现那些能证成刑罚的主要价值时,这种让步可能会使我们自我设限。因此,即便在仅以伤害行为为对象的惩罚过程中,我们认为标明不同罪犯的道德差异是正确的(基于前面做了区分的两个理由),这也不能证明我们还必须认为对本身不会带来伤害的行为施加刑罚是正确的。这只能证明,在刑罚理论中,"哪些行为在道德层面最终可以被容忍"往往比我们的理论一开始所说的要复杂得多。在社会生活中,我们常常无法追求单个价值或单个道德目标,无法摆脱因为需要向其他价值、其他道德目标让步而产生的困扰。

私下不道德与公开的下流行径

到目前为止,通过推敲我们关注的几位作家使用的两个例子,我们已经确立了两组重要的区分:家长主义和强制实施道德之间的区分,以及证成刑罚实践和证成刑罚尺度之间的区分。我们要思索的第三个例子是重婚罪。斯蒂芬和德富林勋爵并没有讨论重婚行为,但在帮德富林勋爵反驳批判者的论说文中,罗斯托院长(Dean Rostow)援引对多偶行为的惩罚作为道德的法律强制的例子。[20] 不

---

[20] "The Enforcement of Morals",174 *Cambridge L. J.* (1960),at p.190. 罗斯托院长主要讨论"以真诚的宗教信仰为基础"的一夫多妻制,而非"为找乐子缔结"的多偶行为。他(富有修辞色彩地)问道:"难道我们不该得出结论说,在美国现实存在且普遍为人接受的道德中的一夫一妻制是非常根本的主旋律,因此将多偶行为贬斥为一种犯罪已经得到了证成,哪怕这意味着这条法律以'感觉'而非'理性'为基础?"

过，这个例子复杂到有些古怪，对其进行分析后可以发现，对重婚行为的惩罚无法被清楚明白地归为强制实施道德的尝试。接下来我会对它作简短的讨论，我将试图证明，与已经讨论过的两个例子一样，在这个例子中，那些希望保留这条刑法规则的人并未因此接受"对不道德本身施加刑罚"这一政策；因为有其他合理的根据可以用来支持对重婚行为施加刑罚。

在大部分实行普通法的地方，已婚者在丈夫或妻子在世期间和别人举办婚礼*都属于犯罪，哪怕对方知道他（她）的婚姻状况。对重婚行为施加刑罚和骗局无关，这一点会带来如下古怪现象。在英国和其他许多会对重婚行为施加刑罚的地方，发生性关系的同居行为并不算犯罪。如果已婚男子想要和另一个女人甚至好几个女人同居，他可以这么做却不被刑法惩罚。他可以建立家庭、假装他结婚了：他可以开香槟、切结婚蛋糕、遵循有效婚姻的常见社交礼节来庆祝自己结婚。这些做法都是合法的；但如果他举办婚礼，那法律就会介入，不仅宣告婚姻无效，而且还会对这名重婚者施加刑罚。

为什么法律会在这种时候干涉，而不去管发生性行为的同居这种实质上不道德的行为呢？对于这一问题，人们给出的答案五花八门。有些人提出，对重婚行为进行法律惩罚是为了避免弄乱政府机构的档案，或挫败谎称私生子为婚生子的诡计。美国法学会在其对模范刑法典草案所作的评注中提出，重婚通奸行为哪怕

---

* 在这些国家，举办婚礼是婚姻有效的一项形式要件，这不同于我们熟悉的单纯的婚姻登记制。——译者

不涉及欺骗,可能也需要被惩罚,因为这是对原配的公开冒犯和挑衅,还因为伪装成夫妻同居很可能"导致遗弃、不履行抚养义务和离婚等行为的发生"[21]。评注强调,这些是对个人的伤害,刑法也许可以适当尝试借助惩罚来防止这些伤害。

在前面提到的这些根据中,至少有几条似乎与其说令人信服,不如说编得挺巧妙。它们强调的伤害也许足够真实;然而很多人可能依然会认为,即便这些伤害不太可能发生,或者即便它们已经因为制定出了一些以诸如导致政府机构档案收录错误信息的行为而非重婚为惩罚对象的具体罪行而得到了处理,对重婚进行惩罚的理据也依然存在。大部分认为对现行法律所作的上述形形色色的证成缺乏说服力,但依旧希望保留这项规定的人也许会竭力主张,在一夫一妻制和使其变得庄严的行为(指婚礼)具有深刻宗教意义的国度,应该接受这部反对重婚行为的法律,把它看作是在尝试保护宗教感情免受公开亵渎婚礼的行为冒犯。与前两个例子一样,这里的问题也在于,有些人认为出于这些目的使用刑法原则上可被证成,如果他们同时否认法律应被用于惩罚不道德行为本身,他们是否会陷入自相矛盾的境地。

我不认为同时持有这两种观点会陷入任何矛盾,但此处有必要多作一项重要区分。认识到这点很重要,即在重婚问题上,如果法律进行干涉是为了保护宗教情感免受公开行为的严重冒犯,重婚者就不是因为漠视宗教或不道德而被惩罚,他们被惩罚是因为构成妨害(nuisance)。因为这项法律后面关心的就是重婚者的公

---

[21] 参见:American Law Institute, Model Penal Code, Tentative Draft No. 4, p. 220.

开行为对他人的冒犯,而非他们私下行为不道德——这在大部分国家都完全不会被惩罚。与会引发身体伤害的寻常犯罪一样,在重婚问题上,把保护那些很可能会受到影响的人作为这项法律追求的目的显然很好理解,我们也显然不能说在这一问题上,"刑法的目的就是强制实施道德原则,舍此无它"。值得注意的是,与帮他说话的罗斯托院长不同,德富林勋爵本人似乎注意到了这一区分;因为他没有将重婚纳入他所列的罪行名录(沃尔芬登报告的诸项原则必将促使我们拒斥这些罪名)。这并非源于疏忽,因为他特地说过,写入这一名录的罪行"都是可以在私下、在不冒犯到别人的情况下完成的行为。"[22]

密尔在《论自由》中表述的诸项原则是否允许以重婚行为(在不涉及欺骗的前提下)是对宗教感情的公开冒犯为根据对其进行惩罚,这一点可能存在疑问。因为虽然密尔显然认为要兼顾他人的"利益"和"感情",冒犯感情的行为至少应该受到道德谴责,但他主张和限定这一论点的言辞却是出了名的令人费解。他似乎认为只有在满足下述两项条件的前提下,对冒犯感情的行为进行谴责和惩罚才能得到证成:首先,当事人之间存在某种紧密联系或特殊关系,从而顾及他人成为对"特定"(assignable)个人所负有的义务;其次,伤害不应"只是偶然的"或者是"猜想的"(constructive)。[23]

如果我们以太严苛为由不去理会第一项条件,并将第二项条

---

[22] *The Enforcement of Morals*, p.9. 尽管如此,德富林勋爵还是对罗斯托院长的辩护做了热情洋溢的肯定。参见:"Law, Democracy, and Morality", 110 *University of Pennsylvania L.R.* (1962), at p.640.

[23] *On Liberty*, Chapter 4.

件仅仅解读为冒犯感情的行为应该是严重且很可能发生的,那么是否对重婚行为进行惩罚就将取决于对以下两点的比较评估(人们自然可能会作出不同的评估):对情感的冒犯有多严重,以及法律要求自由作出的让步和法律所施加的痛苦到了何种程度。支持这项法律的人肯定会主张,在这一问题上,法律几乎不要求作出让步、施加痛苦。那些被允许实际上像缔结有效婚姻的人一样生活并搞出其他一切结婚排场的人,仅仅是被禁止作出一项(尽管无疑是最具说服力的一项)彰显法律认可的表现(即举办婚礼)。因此这种情形完全不同于尝试强制实施性道德,后者会要求压制与个人幸福紧密相关的强烈本能。另一方面,反对这项法律的人也许会貌似有理地竭力主张,在信仰衰败的年代,宗教感情很可能被重婚者的公开婚庆冒犯已经不再是普遍现象,或者不再非常严重,只要这种婚姻在法律上无效就行了。

重婚的例子表明,有必要对行为不道德和它作为公开冒犯行为或令人厌恶的行为的这一面相进行区分。这一重要区分具有普遍性意义,因为在其发展过程中,英国法律常常就会从这个角度来看待这样一些行为:它们以前之所以被惩罚,仅仅是因为被信奉的宗教或道德容不下它。因此在英国,对基督教真理的任何否定都曾因为亵渎神明而被惩罚,但如今,这只有在表现为可能妨害治安的冒犯或侮辱时,才会加以惩处。支持对亵神行为作这种现代形式的惩罚的人,当然并不信奉那些因此而感情免受侮辱行为伤害的人所信仰的宗教。他们确实可以非常融贯地反对一切强制服从那种或其他任何宗教的尝试。

在性问题上,一条类似的分界线将对不道德的惩罚从总体上区别于对下流行径的惩罚。罗马人区分了检察官(Censor)和行政官(Aedile)的职权范围,前者管道德,后者管公共仪轨,但在现代社会,人们对这一区分也许缺少关注。[24] 事实上,西蒙兹勋爵(Lord Simonds)在发表于议会上院的关于"肖案"的演说中,大费周章地表达了对这一区分的漠视。

> 给这一冒犯行为贴上何种标签并不要紧。在某位爵爷看来,这可能表现为触犯公共仪轨,对另一位认为这种行为可能使它的明显意图——引发色欲——得逞的爵爷而言,它似乎是在败坏道德。[25]

但这一区分事实上清晰且重要。夫妻之间的性行为并非不道德,但如果在大庭广众之下进行,就触犯了公共仪轨。根据习传道德,成年人之间私下自愿进行的同性恋性行为是不道德的,但它并未触犯公共仪轨。不过若是公开进行,那它既可以算不道德,也可以算是触犯公共仪轨。但我们绝不能因为这一事实而看不到行为的这两个面相的区别,看不到证成对这两个面相进行惩罚所必须依赖的原则是不同的。英国最近出台的关于卖淫的法律注意到了这一区分。它没有将卖淫当作一种犯罪,它惩罚的是卖淫的公开

---

[24] 不过可以参看"作为行政官的检察官"("The Censor as Aedile", *Times Literary Suppl.*, August 4, 1961)一文。

[25] (1961) 2 A.E.R., at 452.

表现*,目的是保护那些不想在街上看到卖淫行为的普通公民免受冒犯。

肯定会有人质疑说,前面这些对何者公开进行、何者在私下进行这一区分所作的讨论太冗长了。因为——他们会说——不只是在不道德行为或招揽这类生意的行为闯入不愿目睹者的眼帘时,他们的感情才会被冒犯,那些严厉谴责特定性行为不道德的人在了解到其他人私下沉迷此种行为时也会受到冒犯。因此之故,关注何者在私下进行、何者公开进行这一区分是没有意义的;如果我们不关注这一区分,那么(我们就会看到)仅因不道德本身进行惩罚和因冒犯他人感情进行惩罚这两项方针虽然在概念上截然不同,在实践中却没什么区别。所有被强烈谴责为不道德的行为都可以被惩罚。

分清这一论点和我接下来将会检讨的命题很重要,后者主张,保护现实存在的社会道德本身就是一种价值,它可以证成强制手段的使用。我们眼下讨论的这个支持用法律强制实施道德的论点所援引的并非道德的诸种价值,而是密尔自己的原则:使用强制手段阻止伤害他人的行为是可以被证成的。这样使用这一原则可能会招致各种各样的反驳。也许会有人说,"他人私下违反道德"这个简单念头所引发的痛苦不会带来"伤害",除非是少数神经过敏或易被冒犯的人——他们会因这一念头而"不舒服",真正意义上的不舒服。另一些反对者也许会承认这种痛苦是伤害,即便对普通人来说也是如此,但他们主张,这种伤害太轻微,比不过法律强

---

* 指在街上拉客等行为。——译者

制实施性道德所引发的痛苦。

虽然这些反对意见挺有力,但它们是次要的。根本性的反驳当然是,任何承认个人自由是一项价值的人都无法认可这样一项权利:免受与"他人的行为在你看来是错误的"这一简单念头相关联的痛苦。因为对"强制手段可被用来保护人们免受伤害"这一功利原则的扩展不会停留于保护人们免受这种形式的痛苦。如果由他人在做错误的事情这一信念引发的痛苦是一种伤害,那么由他人在做你不希望他们做的事情这一信念引发的痛苦同样是一种伤害。惩罚引发这种痛苦的人将和单纯因为别人反对他们这么做而受惩罚无异;当功利原则被扩展到这种地步后,唯一能与它共存的自由就是做那些无人严厉反对之事的自由。这种自由显然无足轻重。承认个人自由是一项价值意味着至少要接受这个原则:即便别人了解到他在做什么时会觉得痛苦,他依然可以做自己想做的事情,当然如果有其他很好的理据来禁止这种行为则另当别论。但凡是多少承认个人自由之价值的社会秩序,都无法同时认可保障人们免受由此引发的痛苦的权利。

正如大部分法律体系所确认的,保护人们的感情免受某些公开行径的刺激或冒犯是另一回事。有时候,这一区分可能还挺清楚。在诸如亵渎人们所尊崇的对象或礼节等情形中,如果避之不及的人并不持守特定宗教或道德信念,因而也就不涉及对情感的刺激或冒犯,那么这一区分就很清楚。不过,哪怕是用惩罚来保护那些因为自身信念而容易受这种公开行径影响的人,冒犯者也依然留有只要他能做就可以在私下做同样的事情的自由。这不同于仅仅因为别人反对其所做之事而惩罚他。

温和命题与极端命题

当我们从这些显然有讨论余地的例子转向证成道德的法律强制的明确理据时,有必要区分温和命题与极端命题,虽然密尔的批判者有时会不加交代地从一个命题转向另一个命题。在我看来,德富林勋爵的文章大部分时候是在主张温和命题,斯蒂芬主张的则是极端命题。

根据温和命题,一种广为人接受的道德是社会的纽带;没有这种道德,就只会有个体的聚集,社会是不存在的。"得到人们认可的道德",用德富林勋爵的话说,"对社会的存续而言就像得到人们认可的政府一样必要",㉖虽然一个具体的不道德行为可能不会伤害、危及或败坏他人,也不会——如果它是私下进行的话——刺激或冒犯他人,但这说明不了什么问题。因为我们绝不能孤立地看待行为,忽视其对道德规范的影响;如果把这点记在心上,我们便能理解,尽管某人"对他人无威胁",但却可能通过他的不道德行为"威胁作为社会基础的重要道德原则"。㉗ 在此种意义上,违反道德原则是"对作为整体的社会"㉘的冒犯,社会可以用法律来维护自己的道德,正如它可以用法律来维护其他对其存续而言极为重要的东西。这就是为什么"压制恶行就像压制叛国行为一样,是法

㉖ *The Enforcement of Morals*, p.13.
㉗ *Ibid*., p.8.
㉘ *Ibid*.

律的职责所在"[24]。

与之相对,极端命题并不认为广为人接受的道德就像组织有序的政府一样,只有工具性价值,它并没有像证成对叛国行为的惩罚那样,把对不道德的惩罚作为保护社会免于瓦解或者说免于崩溃的手段来证成。相反,即便不道德行为没有直接伤害任何人,或通过动摇社会的道德纽带间接伤害任何人,强制实施道德也被认为是有价值的。我不是说,有可能把每一个被使用的论点归为这两个命题之一;但我认为,它们确实刻画出了大部分论点归根到底所持有的主要的批判性立场,它们还附带展现了"强制实施道德本身"这一说法的模糊性。也许,能最清楚地区分这两个命题的方法是去注意下,我们总是可以在两个层面探问某种违反实在道德的行为是否构成伤害。我们可以首先探问,这一行为是否在独立于对社会主流道德的影响的意义上伤害了某人?我们还可以问,这一行为是否影响了主流道德,并因此动摇了社会?温和命题要求,如果要证成对这一行为的惩罚,那么至少得在第二个层面得到肯定回答。极端命题不需要在任何一个层面得到肯定回答。

德富林勋爵捍卫的似乎是温和命题。我之所以说"似乎",是因为尽管他说,主流道德对社会的存续而言至关重要,因此社会有权强制实施这一道德本身,但我们完全不清楚,他是否认为不道德危害社会或者说动摇社会这一说法是一个关于经验事实的主张。有时候这似乎是个**先验**(*a priori*,先天的)假设,有时候是一个必然真理,一个非常古怪的真理。关于这一点,最重要的一个提示

---

[24] *The Enforcement of Morals*, p. 15.

是,除了有一处模糊地提及"历史"来说明"道德纽带松散往往是瓦解的第一步"[30],德富林勋爵并没有给出别的证据来证明背离广为人接受的性道德——哪怕是成年人私下背离——就像叛国一样,会对社会的存续构成威胁。没有哪个有名望的历史学家曾主张这一命题,事实上,能反驳它的证据倒是有很多。作为一个事实命题,它不见得比查士丁尼大帝的说法更高明。后者主张,地震是由同性恋行为引发的。[31] 很多时候正是由于接受了一个未经讨论的假设,德富林勋爵才会坚信这一命题,才会对证据问题抱着显而易见的无所谓态度。这个假设就是,所有道德——性道德和禁止杀人、盗窃和不诚实等伤害他人行为的道德——构成一张无缝之网,因此那些背离其中任何部分的人都大概率会或者可能注定会背离所有道德。有一点显然很清楚(这也是政治理论最古老的洞见之一):如果禁止伤害他人的法律规定没有在道德中得到反映、获得增补,那社会就无法存续。但同样没有证据证明,那些背离习传的性道德(conventional sexual morality)的人会在其他方面有对抗社会的表现;相反,能反驳这一理论命题的证据同样有很多。

不过,德富林勋爵的核心思想似乎比社会道德作为一张无缝之网这一观念更有趣,虽然不见得更可信。因为他似乎将"**某种**主流道德对任何社会的存在而言都至关重要"这样一个可接受的命题转变为了"社会与其道德——该社会在任何特定历史时刻的道

---

[30] *The Enforcement of Morals*, pp. 14-15.
[31] *Novels*, 77 Cap. 1 and 141.

德——相等同,[32]因此社会之道德的变化等同于社会的解体"这样一个不可接受的命题。前一个命题甚至可以被认为是一个必然真理而非经验真理,它的基础是社会就是持有共同道德观念的人构成的群体这样一个很有说服力的定义。但后一个命题很荒谬。如果严格解读这个命题,那么它意味着我们将无法说"特定社会的道德改变了",它会迫使我们转而说,一个社会消失了,另一个社会取代了它。但只有以这样一个用来判定同个社会继续存在的荒谬标准为基础,我们才能在不给出证据的情况下主张,任何背离社会主流道德的行为都会对它的存续构成威胁。

显然,只有暗中将社会等同于它的主流道德,德富林勋爵才能拒绝容忍诸如私下的不道德之类的事情,才能将不道德的性行为——哪怕发生在"私下"——与叛国相提并论。如果法律容忍背离习传的性道德的做法,且这一点逐渐为人所知,那么无疑,习传道德确实可能会向放任的方向发展,虽然在那些同性恋不会被法律惩罚的欧洲国家,同性恋行为似乎并未导致这种现象。但即便习传道德确实这么变化,社会也不会被摧毁或者说被"颠覆"。我们应该将这样一种发展与宪法和平地改变其形式相类比,而非与暴力推翻政府相提并论,前者不仅无碍于社会的存续,还能和社会并肩前行。

---

[32] 关于这一重要论点,参见:Richard Wollheim, "Crime, Sin, and Mr. Justice Delvin", *Encounter*, November 1959, p. 34.

第三篇

各种各样的强制实施

在上一讲,我区分了"用刑法来强制实施道德是可以被证成的"这个命题的温和形式与极端形式。根据温和命题,在显然会给他人带来伤害的犯罪(例如谋杀或侵犯人身)和法律禁止的单纯的不道德行为之间确实存在区别,后者是成年人私下进行的自愿行为。乍看之下,这一区分似乎使我们有理由将法律禁止并惩罚后一类行为看作是在强制实施道德"本身"。不过根据这一理论,一旦我们把握到这个真理,即社会的道德对其存续而言是必要的,那么下面这点就会变得显而易见:任何不道德行为,哪怕在私下进行,长远来看必然会带来伤害,因为"它威胁那些作为社会基础的道德原则",并因此危害社会的存续。所以按照这一观点,强制实施道德(这被假定为是维护社会所需)对任何社会的存续而言都是必要的,这种做法也因此得到了证成。

极端命题有诸多变体,其拥护者竭力主张的究竟是何种版本,这一点并不总是那么清楚。根据某些版本,道德的法律强制只有工具性价值:它仅仅是一种保护道德的手段(虽然是不可或缺的手段),道德的存续才是目的,才是本身就有价值的,道德的法律强制由此得到证成。根据其他版本,道德的法律强制有某种内在价值。极端命题所有版本的共同点是,与温和命题不同,它们并不认为强制实施道德或道德之存续的价值仅在于能带来有益的结果:使社会存在下去。

我们注意到,德富林勋爵没有在某种形式的极端命题与温和命题之间作出明确选择。因为如果我们将他的关键主张——社会要存在下去就必须保护其道德——解读为一种事实主张(因为他将其与镇压叛国行为相类比,这提示我们应该这么解读),那么社会继续存在下去就可以和其道德的存续区别开来。事实上,这是社会之道德的存续带来的一个可欲结果,并且根据强制实施道德等同于道德之存续或为道德之存续所要求这一假设,这一可欲结果证成了道德的强制实施。若被如此解读,德富林勋爵就是温和命题的拥护者,他的论点就是一个功利主义论点。我们对其提出的反驳是,他那项非常关键的事实主张并无证据支持;这是一种在事实层面缺乏说服力的功利主义。另一方面,如果我们不把他的另一项主张——任何不道德行为,哪怕在私下进行,都会威胁社会的存续——解读为经验主张,而是解读为必然真理(它没有给出证据,这提示我们应该这么解读),那么社会存在下去就并非与其道德之存续不同;它们可以被等同视之。据此观点,强制实施道德并非由其有价值的结果——保护社会免于解体或衰败——来证成。它就是因为等同于社会道德之存续或为后者所要求而得到证成的。这是极端命题的一种形式,它的极端面貌纯粹是被暗中将社会等同于其道德这一做法掩盖起来了,对于这种做法,我在上一讲中已经做了批判。

我认为,作为特定形式的极端命题的捍卫者,斯蒂芬要比作为温和命题捍卫者的德富林勋爵更前后一致。但在我们思考这一论点之前,有必要回顾一下法律强制实施任何类型之行为这一看似简单的观点的复杂性。我们已经区分了强制实施的两个面相:首先是强迫,它体现为通过法律惩罚带来的威胁确保人们做或不做法律命令或禁止的事情;第二个面相则是对那些违反法律的人实际施加的刑罚。除开这些,强制实施还有其他形式,在思考依法使用"强制力"(force)时,绝不能忽视这些形式。因此也许可以采取手段,使违反法律变得不可能或很困难,以此挫败违法行为,而非对之进行惩罚。关于这种做法,在英国为人熟知的一个例子是1857年的淫秽出版物法令,它授予官员没收和摧毁淫秽出版物的权力;在某些辖区,这部法律还授权查封用于开设妓院的营业场所。法律强制还有一个可进一步区分出来的面相,这就是施加压力促使那些实际参与违法活动或可能会这么做的人终止行动。我们不能因为事实上各种施压手段也被用于惩罚而看不到这一区别。在英国和美国,这种强制实施手段最常见的形式是监禁那些拒绝服从法院指令的人,直至其屈服;他们还要面对负有逐日增加的罚金的"制止令",直到服从法律为止。这第一种手段确实常常被说成是对"蔑视法庭"行为的一种惩罚。要终止因蔑视行为而遭受的监禁,除了要服从法庭,常常还须致歉,但它的首要用途是作为一种施压的形式,供那些有志于确保法律得到服从的人使用。

这些区分对于眼下的讨论很重要,因为面对极端命题"道德的法律强制因其内在价值而非结果得到证成",我们可能需要结合强制实施的不同面相分别进行考量。此外,思考这些不同面相将迫使我们质问这样一个德富林勋爵显然已作出的、斯蒂芬可能也作出的假设,即强制实施道德可以等同于道德的存续,或至少必然与之关联。

作为强迫的强制实施。——如果我们思考下强制实施的第一个面相,亦即通过威胁进行强迫,那么促使人们因为对惩罚的恐惧而放弃实施带给他人伤害的行为和促使他们放弃实施与广为人接受的道德相抵触但不伤害任何人的行为之间的巨大差异就会变得很明显。被赋予前者的价值很容易理解;因为无论促使人们放弃实施这些犯罪行为的动机究竟是什么,保护人们免遭谋杀、暴力侵袭或其他形式的伤害终究是一种善好。但在没有伤害可被阻止、没有潜在的受害者可被保护之时(不遵从习传的性道德常常就是这种情况),我们会很难理解这样一种主张:服从——哪怕服从的动机只是害怕法律的惩罚——是一种值得追求的价值,尽管它会带来痛苦、牺牲自由。将价值赋予被抽离了动机和结果的纯粹的服从行为,这种做法跟道德无关,只能算是一种禁忌(taboo)。这并不意味着我们无法以可理解的方式赋予致力于贞洁或克己理想的生活以价值。事实上,无论根据何种道德理论,在性问题上和其他行为领域中做到自律都肯定是良善生活的构成部分。但在此,有价值的是**自愿的**约束,而非屈从于强迫手段,后者看上去毫无道德价值可言。

当然可能会有人争辩说,虽然由于上述原因,因为受到依法强制而服从本身没有价值,但它仍然是教诲道德或维持道德不可或缺的手段,而道德在极大程度上是被自愿践行的。"人因谋杀被绞死这一事实是谋杀被认为是一种可怕罪行的重要原因。"[①]这类理论认为,法律惩罚带来的威胁是创造或维持道德的自愿实践所必需的;它们没有陷入自相矛盾。但这些理论需要经验事实的支持,而几乎没有证据能够支持这一观念:道德教诲最好借助对法律惩罚的恐惧来进行。道德主要当然不是靠这种恐惧来教诲和维持的,一旦道德靠它来教诲,就会出现一种影响深远的风险:服从的动机可能一直都只是对惩罚的恐惧。

作为刑罚的强制实施。——以法律手段强制实施的第二个面相并不表现为威胁,而是表现为对犯罪者实际施加的刑罚。如果我们问下,若被惩罚的行为不会带来伤害,这种做法有什么价值,那么最容易理解的答案就是一种刑罚的报应"理论",亦即这样一种主张:施加刑罚之所以能够被证成,不是因为它带来了对社会或对被惩罚者有益的结果,而是因为对于所犯下的道德恶行,这种痛苦是道德上恰如其分或者说"合适"的报应。我无法在此全面检讨这种刑罚理论,但会关注其中一个要点。当某种犯罪行为伤害了他人且既有作恶者也有受害者时,如果有种理论并不尝试用结果来证成刑罚,而仅仅将其视为因犯罪行为的邪恶性而要作出的回应,那这种理论无疑是最具说服力的,可能也是唯一说得通的。即便是功利主义理论最忠实的信徒,也必定不时想要承认这一简明主张确有道理:故意给他人造成痛苦的人应该亲身遭受痛苦,这么

---

① 《皇家委员会关于死刑的报告》[Report of the Royal Commission on Capital Punishment,(CMD 8932) s. 61]。这句引文来自斯蒂芬谈死刑的论文(*Fraser's Magazine*,June 1864,p. 761)。

做是对的或者说是正义的。我怀疑是否会有人在读了奥斯维辛或布痕瓦尔德（集中营）的相关记录后还感受不到这一原则的强大感染力；也许甚至是那些支持对相关罪犯施加刑罚的人中最具反思精神者，也会被这一原则而非"刑罚将会带来有益的结果"这一思想所触动。但这种报应的吸引力显然依赖于存在犯罪人和受害者这一事实；因为只有在这种情况下，我们才有可能把刑罚构想为一种意在阻止作恶者在被他所害之人受苦或死亡的情况下日子还越过越红火的手段。要求这么做的原则和分配幸福与痛苦的正义原则或者说公平原则显然很相似，后者在其他道德领域影响广泛。我自己不会说两者有足够的相似性。不过鉴于存在这种相似性，我们显然不能把所有报应理论都抛在一边。但是，在只有违反道德规则的行为而没有受害者的情况下，主张依然要用刑罚来对这种不道德行为作出恰当回应的观点就无法获得哪怕是这种类型的支持了。在这类情形中，报应似乎仅仅以这样一个缺乏说服力的主张为根据：在道德上，负负得正，施加痛苦之恶作为对不道德之恶的惩罚会带来道德善好。

报应与谴责

斯蒂芬联系道德问题讨论了密尔的自由理论，在那一章，他主要关心的是发现并揭露密尔理论中的不一致之处和对人之本性以及社会所作的错误假设，他相信这么做能驳倒密尔的论点。相比之下，他基本没花工夫解释自身主张的正面根据；他本人的主张是，刑法不应只被用来"对付会危害社会的行为"，而还要用作"对格外严重的恶行的惩戒"②。事实上,关于他所认为的通过道德的法律强制塑造或保障的诸种价值,我们很难从其论证中梳理出任何非常准确的说明。他对这些问题的思考最显著的——对许多人来说也是最令人厌恶的——特征是他一直强调,厌恶或者说憎恨罪犯以及想要报复罪犯的欲望具有正当性或者说"健康性"(healthiness)。③ 从他对这一主题的强调中,我们很容易得出结论说,斯蒂芬的正面论据依赖于一种形式上简单并且其实挺粗拙的报应理论:对罪犯的惩罚之所以得到证成,是因为"厌恶感和报复欲是人性的重要构成部分,在此类案件中,这些感受应当以正规的公共合法方式得到释放"④。

在斯蒂芬对刑罚的整体看法中,他对厌恶感和报复欲之正当性的强调显然占据中心地位,后来的英国法官也赋予这些感受以类似的重要地位。英国前首席法官戈达德勋爵(Lord Goddard)在最近议会上院关于死刑的辩论中说道:"我没看出'国家应该有对犯罪行为进行报复的意愿'怎么就不符合基督教精神或者有别的不值得夸耀之处。"⑤但如果把斯蒂芬的理论全貌展现为这种形式的报应理论,那对他是不公允的;因为至少还有另一种元素交织在他的论点中。基于后面将会说明的理由,我应该将其称为谴责性(denunciatory)元素。虽然斯蒂芬本人并未将之区别于他自己给出的报应理论,但为了检讨他的理论,我们应该作出此种区分,

---

② *Liberty*, *Equality*, *Fraternity*, p. 162.
③ *Ibid*., pp. 162, 165.
④ *Ibid*., p. 162.
⑤ 198 H. L. Debates (5th Series) 743 (1956).

因为它在关于惩罚的功能和证成的观念中扮演着重要的角色,而甚至直到今天,这种观念也依然是英国司法机构的一大特色,并为许多持保守立场的英美法律人认可。

为了理解斯蒂芬关于道德的法律强制的观点,有必要注意到,和德富林勋爵一样,他也假定他的理论所适用的社会具有相当高程度的道德联结(moral solidarity),会被侵犯其道德规范的行为严重侵扰。德富林勋爵主张,要被法律强制实施的道德必须具有"公共性",意思是它被普遍接受,且可以通过"不容忍、愤慨和厌恶"⑥这三重标志识别出来。和德富林勋爵一样,斯蒂芬也主张:"你不能惩罚任何公共意见——它表现在社会一般实践中——并未明确作出全力谴责的行为……为了进行惩罚,道德多数群体必须占据压倒性优势。"⑦这些条件与"相当数量的行为"有关,按斯蒂芬的看法,这些行为仅仅因为被认为严重不道德而被视作犯罪。可能在维多利亚时代中期的英国,这些条件得到了满足。也许"占据压倒性优势的道德多数群体"确实怀有他所说的健康的报复欲,这种欲望通过惩罚犯罪者得到了满足。但至少就我们所关心的性道德问题而言,假定这些条件在如今的英国得到了满足是社会学上无知的表现。对官方认可的性道德的口头迎合确实存在,但我们不能因为这一事实而忽视这种可能性:与在其他事情上一样,在性问题上,可能有许多可相互容忍的道德观念,即便存在某种实践和信念同质性,人们也未必会带着厌恶或憎恨看待冒犯者,他可能

---

⑥ 《道德的法律强制》第 17 页:"它们是道德法则倚靠的力量。"
⑦ *Liberty*, *Equality*, *Fraternity*, pp. 173-174.

被当成笑话，或让人觉得很可怜。

因此在这种意义上，斯蒂芬的理论——德富林勋爵的许多观点也是如此——似乎可能脱离了当代社会现实；它也许被清晰明白地表述了出来，由于揭示了英国司法机构的独特观点而显得有趣，但它不适用于当代社会。不过，由于头脑中存在这样一幅可能是虚幻的社会图景，斯蒂芬的有些表述像是在说，刑罚的功能与其说是报应，不如说是谴责；与其说是满足厌恶感或报复欲，不如说是严肃地表达对犯罪者的道德谴责，并对被他侵犯的道德作出"肯定"。这一观点在《自由、平等、博爱》的一个段落里有所体现，在那段话中，斯蒂芬说刑法不仅"切实满足报复欲"，而且"使愤怒感得到清楚的表达"。⑧ 不过，同样的观点在他的《刑法史》中有更详尽也更清楚的表达：

> 此法律之判决之于公众对任何犯罪行为的道德感情，就像印章之于火漆。它转变成了永恒的最后裁判，若非如此，它可能就是转瞬即逝的感情……简言之，利用法律施加惩罚使这样一种憎恶得到了明确的表达、庄严的认可和证实：它是由犯罪行为引发的，并且根据那些已被纳入刑法的道德所作的道德惩罚，或者说来自大众的惩罚就表现为这种憎恶。这种惩罚不同于（个人）良心的惩罚……深思熟虑的愤怒和公正的非难，它们得以表达的诸种形式——刑事判决的执行是最严肃的一种形式——合乎这样一组激情，就像婚姻合乎另一些

---

⑧ *Liberty*, *Equality*, *Fraternity*, p. 165.

感情(性激情)。[9]

无疑,这一理论中有许多内容都不清楚;特别是,斯蒂芬对惩罚"证成"它表达的感情所作的说明令人费解。但它的主旨挺清楚,这也是后来的法官附和的一个主题。因此在我们这个时代,丹宁勋爵(Lord Denning)在他提交给皇家死刑委员会的论词中说道:

> 针对重罪的这种惩罚应该充分反映大部分公民对它的反感。不能认为惩罚的目的就是威慑、感化或预防,此外再无任何目的。对任何惩罚的最终证成不是"它是一种威慑",而是"它是共同体对罪行的严厉谴责",根据这一观点,某些谋杀行为按现今的观念看需要得到最严厉的谴责,亦即死刑。[10]

尽管支持这种说法的人地位显赫,但这样证成惩罚似乎依赖一种奇怪的观念混合体,当惩罚适用于对他人无害的行为时尤其如此。它被描述成一种价值,追求这种价值的代价是人们因赤裸裸表达出来的道德谴责而痛苦,它将施加痛苦视作唯一合适的或者说"严肃的"表达模式。但我们真的能理解这种说法吗?单纯表达道德谴责是一种有内在价值、可不计这一代价去追求的做法吗?这样一种观念——我们可以惩罚违反道德规范的行为,不是为了

---

[9] *A History of the Criminal Law of England*, II, 81-82.
[10] Report of the Royal Commission on Capital Publishment, s. 53.

阻止伤害或痛苦乃至不是为了阻止这种违法行为再次出现,而只是作为一种发泄或严肃表达道德谴责的手段——接近于用活人献祭来表达宗教热忱,而这种相似性令人不安。但即便我们搁置这一反驳,也还得面对另一个反驳。惩罚犯罪者是表达严肃道德谴责的恰当方式,这一主张意味着什么?表达道德谴责的常规方式是以**言语**表达,而我们并不清楚,如果真的需要作出谴责,为什么郑重其事地公开表达反对不是表达道德谴责最"恰当"或最"严肃"的方式?为什么要以惩罚的形式表达谴责?

我想,可能是因为在提到"严肃"谴责和道德谴责的"恰当"表达时,支持这一理论的人真正想说的是一种能向罪犯和其他人有效灌输对被违反的道德规范的尊敬或强化这种尊敬的手段。但这样一来,这个理论就变味了;它不再主张道德的法律强制是一种独立于其结果的价值,而成了一种认为道德的法律强制因其能维续现实存在的道德而有价值的理论。这无疑是极端命题最具说服力的形式。但除非人们像斯蒂芬有时似乎表现的那样,认为它很合乎直觉,在不加论证或不诉诸任何批判性道德的一般原则的情况下就认可它,否则它就要面对各种各样的重要批判。

第一种批判关心前面提过的事实问题:"法律强制确实能发挥维续现实存在的社会道德的作用"这一主张需要证据支持,而至少在性道德问题上,几乎找不到相关证据。此处涉及的问题无疑相当复杂:只要想对法律禁令如何维持"特定行为在道德上是错误的"这一信念作充分研究,我们就必须对各种类型的不道德作出区分。虽然在道德层面,人们可能会非常真诚地谴责私通之类的不道德行为,但大部分人都会受其诱惑;而其他诸如乱伦或同性恋之类的不道德行为却令大部分人反感恶心。就后者而言，说法律禁令是维持"这种行为不道德"这一普遍感受的重要手段会让人觉得很奇怪。因为如果这类问题上存在德富林勋爵所说的普遍的"不容忍、愤慨和厌恶"，以及斯蒂芬所说的"占据压倒性优势的道德多数群体"（只有出现这些情形，他们才认为可以证成对不道德行为的法律惩罚），那么在大部分人心中，本能般的排斥态度和"这些做法'不合乎自然'"的深刻感受就会附着在"这类行为在道德上是错误的"这一信念上面。认为如果国家不在法律惩罚中反映占压倒性优势的道德多数群体在同性恋问题上的道德观念，他们就会改变道德观念，甚至于能够改变道德观念，同时丧失这些深刻的本能般的感受，这似乎挺不可思议的，并且非常不符合那些法律不会对成人间私下自愿发生的同性恋行为施加刑罚的国家的经验。当然这不是要否认，在法律禁止此类行为的地方，将会出现一些只是因为害怕被惩罚或因为——用斯蒂芬的话说——他们尊重法律对现实存在的社会道德的"庄严认可"（无论这会在多大程度上压抑他们自己的天性）而放弃这类做法的人。但他们因为这些原因而放弃并不会增强"这些做法在道德上是错误的"这一普遍感受。

　　正如德富林勋爵的一位批评者指出的，[①] 社会道德消解不是因为法律没能利用其惩罚手段来落实存在于社会道德中的约束限制，真正使其消解的是自由的批判性讨论。正是这种讨论——或由此而来的自我批判——迫使单纯的本能性厌恶与道德谴责分离开来。如果说在我们这个时代，"占据压倒性优势的道德多数群

[①] Wollheim, "Crime, Sin, and Mr. Justice Devlin", p. 40.

体"在许多关于性道德的议题上已经出现了分裂或陷入了迟疑,那么主要的催化剂就是在人类学和心理学发现的指引下就性道德所作的自由讨论已经关注到的现象。这些现象多种多样:它们包括许多背离性道德行为的无害特征,不同社会中不同性道德的多样性,带有约束性的性道德和会造成伤害的压抑之间的联系。虽然如今几乎不会有人认为可以因为自由讨论会对主流社会道德造成影响而禁止它,但斯蒂芬非常清楚,他的一整套理论要求他认同这种主张。他非常诚实地说道,自己原则上并不反对这种做法,但也知道在他写作的年代,推行这种做法已经不现实了。[12]

维续道德与道德保守主义

前面谈的这一点把我们带向了极端命题真正的中心问题。让我们作出与大量证据相抵触的假设:斯蒂芬笔下的社会图景及其道德机制确实合乎现实。也就是说,在性问题上确实存在占据压倒性优势的道德多数群体支持的道德规范。在被违反时——哪怕是成年人私下违反——这种道德规范确实会被严重扰乱,惩罚违反者确实能维持"这种行为不道德"的感受,若无这种惩罚,主流道德就会走向放任。中心问题是,能否为这一主张提供支持:防止这种变化、维持社会道德的现状确实是有价值的,这种价值足以抵消其代价,亦即法律强制带给人们的痛苦。这就是一个无根无据的主张吗?还是说,它以某些将此处所说的有价值之事和其他有价

---

[12] *Liberty, Equality, Fraternity*, Chapter 2, especially pp. 58, 81, 82-84.

值之事联系起来的批判性原则为基础?

我们得在这里作出若干区分。关于维续社会道德之价值的命题有三个,它们一直容易被搞混。第一个命题是这个真理:无论还包含别的什么内容,所有社会道德多多少少都对诸如个人自由、生命安全、免受有意施加的伤害等普遍价值作出了规定,因此在社会道德中,总是会有许多值得付出代价去维续的内容——这里所说的代价,是指法律强制对这些价值的折损。像德富林勋爵那样持如下观点可能会误入歧途:只要社会道德保障了这些东西,它就有价值,因为社会要存续下去,就少不了这些东西;相反,维续任何一个具体的社会之所以有价值,其中一个原因在于,它们多少为人们保障了这些普遍价值。下面这些观点确实颇有道理:在逻辑和经验上,都不可能有哪个社会的道德完全不承认这些价值;即便存在这样一个社会,它对人们而言也不会有实际价值。不过在承认这些观点大体站得住脚的同时,我们也必须当心不要像德富林勋爵那样,把社会道德视为无缝之网,将其所有规定都视作维续所在社会的必要手段。我们要像密尔那样,敏感于这一真理:虽然这些非常重要的普遍价值必须得到保障,但不同个体对主流道德的其他方面看法不同并不妨碍社会存续下去,事实上,社会还能从中受益。

其次,有这样一个人们相对不那么熟悉也不那么容易表达清楚的真理,即作为社会道德实践之特征的心境或者说心态很有价值。事实上在任何社会,对人们而言,培育和维续这种心态都非常重要。因为在任何一种社会道德的实践中,都必然存在或可称为社会道德之具体规则或者说具体内容的**形式**价值的东西,它们不同于相应的**实质**价值。在和他人的道德关系中,个体以非个人的观点来看待行为问题,并将一般性规则无偏私地适用于自己和他人;他了解并考虑到了他人的欲求、期待和反应;他以自律和自控来调整自己的行为,以此来适应一个由对等主张构成的体系。这些是具有普遍意义的德性,事实上,用以对待行为的独特道德态度就表现为这些德性。这些德性确实是在遵守某一特定社会之道德的过程中习得的,但它们的价值并非源于它们在此社会被视作德性这一事实。我们必须进行霍布斯式的实验,想象这些德性完全消失,才能看到它们对任何人类生活中的合作形式、对任何成功的个人生活都具有至关重要的意义。任何批判性道德原则,只要不是对最基本的人性事实以及人类必须在其中过活的环境毫不关心,就不能全然不顾这些德性。因此,如果维续道德意味着维续对待行为的道德态度及其形式价值,那这确实是一种价值。不过尽管如此,这与我们讨论的问题其实也没什么关系;因为在这种意义上维续道德不同于也不要求那种免于变迁的维续,即社会道德保持其在社会存在的任何特定时刻的样子不变;更不必说这并不要求通过法律强制实施其规则。用以对待行为的道德态度常常能在被批判、遭违反和具体的道德风俗极端宽松的情况下被保留下来。利用法律惩罚使特定社会特定时代的主导性道德固化,这么做可能会成功,但即便确实成功了,它也无助于维续社会道德的元气和形式价值,还可能给它们带来巨大伤害。

在这种意义上维续道德(指维续其形式价值)显然是有价值的,不过我们必须把它和单纯的道德保守主义区分开来。后者相当于这样一个命题:社会道德的任何既有规则无论具体内容为何,其以免于改变的方式得到维续就是有价值的,这也证成了相应的法律强制。如果我们赋予一切社会道德以某些根本原则在神学体系或自然法理论中享有的地位,那么这一命题至少是可理解的。然后至少可以举出某种一般性原则来支持这一主张:维续社会道德的任何规则都有价值,这种价值证成了相应的法律强制;还可以说点什么来解释下这一所谓的价值的来源。然后就会讨论和争辩此类一般性原则在眼下讨论的事例中如何适用,于是道德保守主义就将变成一种用来批判社会风俗制度的批判性道德。于是它就不会变成纯粹的教条(而当它脱离于一切此种类型的一般性原则时它就是这样的教条),后者声称任何社会道德之维续都必然胜过这么做所要付出的代价:人之痛苦和剥夺自由。当它以这种教条形式出现时,它实际上把实在道德后撤到了一切道德批判的火力范围之外。

现如今,由于显而易见的原因,如果一种批判性道德依赖于这种主张一切社会道德都拥有神令或由理性发现的永恒真理的地位的理论,那它无疑会显得缺乏说服力。它在性道德问题上可能最没说服力,性道德显然是由多变的喜好和风俗决定的。不过,尝试以这种路数来为道德的法律强制作辩护的学者不会停留于简单宣称"它得到了证成"。有必要注意,像伯克和黑格尔那样伟大的社会理论家——他们也急着反对功利主义和理性主义批判,以捍卫特定社会的实在道德和风俗的价值——从不认为"它们有价值"这一主张是够格的论据。相反,他们用论述人性和历史的**理论**来支持自己的立场。伯克以"岁月的智慧"和"天意"等说法表达的主要论据本质上是一个进化论论据:在任何社会的历史进程中缓慢发展出来的社会风俗制度充分照顾到了该社会的各种需求,相比个

第三篇

人所能发明的或任何立法者所能强加的一切抽象的社会生活计划,它总是更符合该社会大部分成员的需要。在黑格尔那里,任何具体社会的既存风俗制度的价值都是基于一种非常复杂的形而上学理论得到说明的,这一理论很难理解,我也很难用后面这一句话把它讲全讲透。概要言之,这个理论认为人类社会的历史是绝对精神展现自身的过程,这一发展过程的每个阶段都是理性的乃至合乎逻辑的一步,因此是有价值的。

尽管在任何具体情形中,这一理论背景可能都很难成立,但它能够被理性地批判、接受或拒绝;它能防止关于社会风俗制度之价值的主张变成纯粹的教条。这一主张的成败将取决于用来支持它的一般性理论。不过我们可不要忘了,对传统和风俗的进化论辩护(伯克在反对理性主义革命者或批评家时所作的就是这种辩护)并不怎么支持通过法律强制实施社会道德。可能因为伯克是个辉格党人,所以无论他如何保守,在他那里,既存风俗制度的价值终究存在于它们是在人类自由地——虽然无疑是无意识地——适应生存环境的过程中结出的最终成果这一事实之中。使用强制手段维护社会历史在任何时间点上的道德现状意味着人为终止这一进程,而正是这一进程使社会风俗制度变得有价值。

使用强制手段实施道德和我们实际采用的维续道德的其他手段(例如论证、建议和劝告)之间有着非常重要的区别,但在就眼下这个话题所作的讨论中,这一区别被严重忽视了。在反驳密尔的论证[13]中,斯蒂芬大部分时候似乎都忘了或无视了其他这些手段,

---

[13] *Liberty, Equality, Fraternity*, pp.126-142.

以及密尔对这些手段的重要性的肯定。因为他经常说得像是密尔的自由理论意味着如果公民同伴的行为不会给他人带来伤害,那便永远不能就这些行为发表任何看法。密尔确实相信,"国家或公众"不能"**以压制或惩罚为目的**"[14]来判定这种行为是好是坏。但他并不认为对这种行为或它所代表的"生活实验","别人都不该说什么。"[15]他也并不认为社会可以"画出一条教育在此终结、完完全全的道德冷漠由此登场的界线"[16]。在作出这种无根无据的批判时,斯蒂芬不只是误解并错误地讲解了密尔的理论,还表现出他本人对道德及其维续过程的理解是多么狭隘。因为在他那篇论说文里,密尔关心的一直是限制使用强迫手段,而非强化道德冷漠。确实,除了道德的法律强制,他把其他强硬的社会压力形式也归入他不赞同的强迫或者说约束的范畴之内,例如道德谴责和守规矩的要求。但如果认为在不能使用强迫手段来扶助道德时,我们必须保持沉默和冷漠,那将是对道德的灾难性误解。在那篇论说文的第四章,密尔煞费苦心地试图说明我们拥有且应该使用其他办法:

> 有人可能会认为这是一种自私冷漠的信条,以为它主张人们彼此之间在日常行为上毫不相干,不应关心别人行事是否得当、生活是否幸福,除非这涉及自己的利益;此乃大大的误解……人们应该帮助彼此分辨好坏,鼓励彼此择好避坏。

---

[14] *Liberty, Equality, Fraternity*, p. 137; *On Liberty*, Chapter 5.
[15] *Liberty, Equality, Fraternity*, p. 141.
[16] *Ibid.*, p. 170.

讨论、建议和论证——所有这些都把"最终判断"留给相关个人来做,因此按密尔的意思,在一个自由得到恰当尊重的社会,是可以使用这些方法的。我们甚至可以"强加"给他人"一些有助于他作出判断的考量和能强化其意志的劝勉"。[17] 在极端情形中,我们可以用自己的相反判断或厌恶鄙视之情来"告诫"他。我们可以躲开他并告诫其他人别做这种事情。很多人可能会以为,虽然密尔认为这些手段"无法完全与他人的有害判断相区分"[18],且永远不能以惩罚为目的来使用它们,但他的这些话很危险,已经接近于认可强迫手段了。不过,即便他走上这一歧途,有一点也显然很清楚:他承认这一重要真理,亦即在道德领域,我们不必在有意的强迫和冷漠之间作非此即彼的选择。

道德民粹主义与民主

与托克维尔的著作《论美国的民主》一样,密尔的论说文《论自由》也非常敏锐地把握到了和民主统治的好处相伴而来的危险,此文是对这种洞见的强有力辩护。按他们的看法,民主统治的最大危险并非多数人可能会用他们的权力来压迫少数人这一事实,而在于随着民主观念的传播,人们可能会渐渐认为,多数压迫少数是无可置疑的。在密尔看来,民主统治非常值得珍视,这些危险是为此付出的部分代价。他认为付出这一代价显然是值得的;但他非

---

[17] *On Liberty*, Chapter 4.
[18] *Ibid.*

常忧虑地提醒支持民主的人注意危险、保持警惕。"在掌权者周期性向共同体（community）——其实就是向共同体中最强大的一派——负责的时代，对政府施加于个人的权力进行限制依然很重要。"[19]如莫利所言，密尔非常强调这一问题，因此在某种意义上，他的这篇论说文"可归入有史以来最具贵族气息的书籍之列"[20]。斯蒂芬强调，公众在道德问题上的看法非常重要，他还着重指出刑法具有"表达公众道德情感"的功能。密尔的理论和斯蒂芬的说法无疑截然不同。正如斯蒂芬在其序言中告诉我们的，[21]莫利确实说过，密尔要保护少数人免受多数人强制，而斯蒂芬的原则会使他们面临这种风险。

斯蒂芬否认莫利的指控，这一指控可能并不公正。因为虽然斯蒂芬的免责声明不太容易和他对"占据压倒性优势的道德多数群体"之重要性的强调相协调，但他的复杂立场很可能无法归纳为像"仅因这是大众的要求或者说大多数人的呼声，大众要求采取强制手段或进行法律惩罚就得到了证成"这样的简单观点。话虽如此，但显然，密尔担心这种想法可能会随民主的发展传播开来不是没有道理的。人们似乎注定会轻易相信，忠于民主原则意味着接受道德民粹主义（也许可以用这个名字）：这种观点认为，多数人有道德权利来指示所有人应该如何生活。这是对民主的误解，这种误解依然在威胁个人自由，在接下来的讲座中，我将辨明这一误解

---

[19] *On Liberty*, Chapter 1.
[20] 转引自《自由、平等、博爱》的序言，第15页。
[21] Ibid., p. xvii.

以何种混淆为基础。②

最关键的一个错误是没能区分"政治权力最好授予多数人"这一可接受的原则和"多数人以这一权力所做之事不能被批判且永远不能被限制"这一不可接受的原则。不接受第一个原则就不算支持民主,但没有哪个支持民主的人需要接受第二个原则。密尔和其他许多人都将民主乃最佳——或者说害处最少的——统治形式这一信念与这样一种强烈的确信结合了起来:哪怕是民主政府,也有很多事情是不能做的。这两种观点的结合意义重大,因为虽然支持民主的人确信民主胜过其他统治形式,但不必相信它是完美、绝对可靠或绝不能限制的。若要证明它完美无瑕、不应被约束,我们就得作出进一步的设定,这一设定要远比"将政治权力授予大多数人胜过授予被选定的阶级更好"这个简单的主张复杂。这个进一步的设定必须是"民声即神意"的某种世俗或非世俗版本。有一个版本我在这系列讲座中经常提及,它主张,占据压倒性优势的道德多数群体支持的实在道德可免受批判。

---

② 德富林勋爵就这一话题发表的最新文章("Law, Democracy, and Morality",下面的引文都出自这篇文章)中留有这一混淆的痕迹。因为他在其中(第639页)宣称:"在民主国家,立法者会假设所在社会的道德是良善且真实可靠的;如果他不这么认为,他就不该在政府中发挥积极作用……但他不必为此种道德的良善和真实可靠性作出证明。他的任务是维护所在社会的根基,而非以他自己的观念重构这些根基。"但在别的地方(第644页),他承认立法者"有非常大的自由裁量权来决定他要做多少他认为法律应该做的事情"。德富林勋爵在这篇论说文中主要关心的是反对"这些哲学家的这种观点"(原文如此)、确立这样一些论点:道德问题可以由大众投票决定,这一点无可置疑(第642页),道德问题是事实问题(第649页),以及在民主国家,"在决定道德问题时,受过教育的人不能占据特殊地位"(第643页)。但只要谈的是实在道德,那就不会有人反对这些论点。问题还是那个问题:实在道德的法律强制何以证成?关于这一点,德富林勋爵似乎满足于他之前的论证和与叛国罪的类比,这些前面已做了批判。

在美国，个人权利得到成文宪法的保护，多多少少免受多数群体侵犯；在英国，议会中的获选议员长期以来都被看作是其选民的代表（representative）而非被指派者（delegate）。但即便在这类民主国家，也常有人陷入这种混淆，或者说也依然存在这种混淆，而这当然并不令人惊讶。因为在民主制度的实际运作中，有许多力量可能会激起这样一种信念：民主统治的原则**意味着**大多数人永远是对的。即便是最高尚的政治家也可能贪恋权位，而相比严格恪守"他的义务是做自己认为正确之事"这一原则，然后如果无法说服大多数人继续拥护他便得下台，消极顺从大多数人的意见更容易让他留在位子上。不过，虽然不难理解获选立委容易受到这种诱惑，但那些远离此类诱惑的人会为此痛惜。无论另外还能提出多少论证来支持道德的法律强制，都不该有谁认为忠于民主原则意味着他必须承认将主流道德强加于少数人是正当合理的，哪怕这种道德得到了"占据压倒性优势的多数群体"的支持，或者带有普遍的"不容忍、愤慨和厌恶"这一特征。

结　　论

我希望这三次讲座已足够清晰简要，不必再作详尽的总结。相反，我要在结论部分就我所遵循的论证方法说两句。我一开始便假定，就强制实施道德是否可证成这一问题，任何发起争论或愿意进行争论的人都接受这样一种观点：包括实在道德在内，任何社会中现实存在的风俗制度是可以批判的。因此和对立命题一样，"强制实施道德可以证成"也是一个批判性道德命题，需要以某种一般性批判原则为根据。仅仅指明某个社会或某些社会的实际做法或实际接受的道德是无法证明或反驳这一命题的。被我视作温和命题拥护者的德富林勋爵似乎接受这一立场,但我已论证,他给出的一般性批判原则——社会有权采取必要手段来维续自身——不足以确立他的主张。没有证据表明需要强制实施该社会的道德"本身"才能维续这一社会。他的立场之所以貌似避开了这一批判,只是因为他对社会的定义糊涂混乱。

我也在一开始就假定,任何认为这一问题可以讨论的人都必然接受这样一个对一切道德而言都至关重要的批判性原则:使人受苦、限制自由是不可取的;因为这是道德的法律强制需要证成的原因。随后我努力澄清那个更为极端的命题的各个版本所倚靠的诸种一般性原则,将其从含混的表述中提炼出来;极端命题可表述如下:强制实施道德或维续道德使其不再变化拥有独立于维续社会这一有益结果的价值。这些原则事实上要求我们将似乎属于前道德时代的、与道德之一般精神相悖的东西视作价值,认为为了实现这些所谓的价值,我们应该限制人类自由或让人遭受刑罚之苦。这些所谓的价值具体包括人们仅仅出于恐惧而外在地服从道德规则;发泄对作恶者的厌恶之情或对他施加"报应性"刑罚,哪怕并不存在想要报复或想找公道的受害者;施加刑罚,将之作为道德谴责的象征或者说表达;使任何社会道德免于改变,无论它具有何种压迫性、是何等野蛮。无疑,我并未**证明**这些据说值得为之付出人类受苦、自由丧失之代价的东西不可被视作价值;也许,让大家知道付出这些代价得到的究竟是什么就够了。

相 关 文 献

一 般 文 献

Anon,"The Censor as Aedile",*Times Literary Supplement*,August 4,1961.

Devlin, Lord, *The Enforcement of Morals*, Maccabaean Lecture in Jurisprudence of the British Academy, 1959. Oxford: Oxford University Press,1959.

——,"Law,Democracy,and Morality",110 *University of Pennsylvania Law Review*,635 (1962).

Hart, H. L. A., "Immorality and Treason", *The Listener*, July 30, 1959, p. 162.

——,"The Use and Abuse of the Criminal Law", 4 *Oxford Lawyer*, 7 (1961).

Hughes,Graham,"Morals and the Criminal Law",71 *Yale Law Journal*,662 (1962).

Mill,John Stuart,*On Liberty*,London,1859.

Rostow,Eugene,"The Enforcement of Morals",*Cambridge Law Journal*, 174 (1960).

Stephen,James Fitzjames,*Liberty*,*Equality*,*Fraternity*,London,1873. 1874 年第二版中的序言是对莫利为密尔所作辩护(in "Mr. Mill's Doctrine of Liberty",*Fortnightly Review*,August 1,1873)的回应。

Stephen, James Fitzjames, *A History of the Criminal Law of England*, London,1883. Volume Ⅱ ,Chapter 17.

Wollheim. Richard, "Crime, Sin, and Mr. Justice Devlin", *Encounter*, November 1959, p. 34.

法 律 材 料

American Law Institute, Model Penal Code, Tentative Draft No. 4, 1955.

Davies, D. Seaborne, "The House of Lords and the Criminal Law", *Journal of the Society of Public Teachers of Law* (1961), p. 104.

Goodhart, A. L., "The Shaw Case: The Law and Public Morals", 77 *Law Quarterly Review*, 567 (1961).

Jones v. Randall (1774). Lofft. 383.

Report of the Committee on Homosexual Offences and Prostitution (CMD 247) 1957 (The Wolfenden Report).

Shaw v. Director of Public Prosecutions (1961) 2 A. E. R. 446 (1962) A. C. 220.

Williams, Glanville, "Conspiring to Corrupt", *The Listener*, August 24, 1961, p. 275.

Williams, J. E. Hall, "The Ladies Directory and Criminal Conspiracy", 24 *Modern Law Review*, 631 (1961).

索　引

（索引页码为原书页码，即本书边码）

A

Adultery　通奸　26,27
American law　美国法　7,25,26—27,38 页注,80
American Law Institute Model Penal Code　美国法学会模范刑法典　15,40
Animals: cruelty to　残忍对待动物　34

B

Bentham, Jeremy　杰里米·边沁　4,12
Bigamy　重婚　38—43
Blasphemy　亵渎神明　44
Burke, Edmund　埃德蒙德·伯克　73—75

C

California　加利福尼亚　7,26—27
Capital punishment　死刑　58,61,65
Coercion　强迫　21,57—58
Consent of victim of crime　犯罪受害者的同意　30—34
Conspiracy to corrupt public morals　图谋败坏公共道德　6—12

D

Democracy　民主　77—81。也可参见 Majority opinion
Denning, Lord　丹宁勋爵　65
Denunciation　谴责　63—66,83
Devlin, Lord　德富林勋爵　16,18—19,20 页注,28—32,34,38,41,48,49—52,54,55,57,67,70,79 页注
Divine commands　神令　23,73

E

Enforcement of morals　道德的法律强制　4—6,17—18,21,25—27,29,30—34,48 页起至全书末尾

索　引

F

Fornication　私通　26—27,67

G

Goddard,Lord　戈达德勋爵　61

H

Hand,Learned　勒恩德·汉德　15
Harm　伤害　4,5,42,46,47
Hegel,G.W.F.　G.W.F 黑格尔　73—74
Homosexuality　同性恋　9,13—14,45,52,67—68

I

Indecency　下流行径　38—48

J

Justice　正义　3,37,60
Justification　证成　20—21,82
Justinian　查士丁尼　50

K

Kelsen,Hans　汉斯·凯尔森　3

L

Lawrence,D.H.　D.H.劳伦斯　10
Liberty　自由　21,22,46—48
Los Angeles　洛杉矶　27

M

Majority opinion　多数意见　62—63,67—68,77—81
Mansfield,Lord　曼斯菲尔德勋爵　7,9
Mill,J.S.　J.S.密尔　4—6,14—18,27—33,42,46,71,75—77,78—79
Morality　道德　～与法律　1—4；批判性～　17,19—20,21,24,71,73,82；实在～　17,20,24,82；～的价值　19,70—74,83
Morley,J.　J.莫利　28,78

N

Natural Law　自然法　2,23,73

O

Obscenity　淫秽　10—11

P

Paternalism　家长主义　30—34,38
Polygamy　多妻行为　38
Positivism　实证主义　2
Prostitution　卖淫　8,11,13,14,26,45
Punishment　刑罚（惩罚）　～的等级　34—38,58—60。也可参见 Denunciation; Enforcement of morals; Justification; Retribution

R

Reid, Lord 里德勋爵 8,10
Retribution 报应 58—61,83
Rostow, E. V. E. V. 罗斯托 38, 42页注

S

Sexual morality 性道德 5,6,18, 22,25—27,67—69。也可参见 Adultery; Bigamy; Fornication; Homosexuality; Indecency
Shaw v. Director of Public Prosecutions 肖诉检察长案 7—12,25,44
Simonds, Lord 西蒙兹勋爵 9,44
Stephen, J. F. J. F. 斯蒂芬 16, 28,34—38,48,55,57,60—64, 67,69,75—79

T

Tocqueville, Alexis de 亚历克西·德·托克维尔 77

U

Utilitarianism 功利主义 4,20, 22,23,24,37,46—47,55
Utility 功利 4

W

Wolfenden Committee; Report of 沃尔芬登委员会报告 13—15, 16,42
Wollheim, R. R. 沃尔海姆 51页注,68

附录　作为政治哲学家的哈特[*]

约翰·菲尼斯

一

赫伯特·哈特生于1907年,家在英格兰北部,父母以裁缝为业,家境颇为富裕。11岁时,他到南部上寄宿学校,但几年后转入一所离家不远的文法学校,该校水准不俗。哈特以尖子生身份毕业,校长盛赞他忠诚可靠、才华横溢,是个拔尖的孩子。通过奖学金竞试,哈特进入新学院,这是牛津大学最古老且最好的学院之一。在新学院,他研习希腊文、拉丁文、古代历史和哲学,学业顺遂、表现优异。在牛津学习期间,以及在这前后,哈特游历欧洲;他很有语言天赋,且终其一生都对各地风土人情、文学作品抱有浓厚热情。

---

[*] 原文载:John Finnis, *Philosophy of Law*, 2nd, Oxford University Press, 2011. 菲尼斯在引用相关文献时注释写得非常简略,但引用规则很清晰,因此除少数几处详加补充外,译者基本保留了菲尼斯的表述。——译者

1930年年底,哈特通过律师资格考试,随即加入林肯律师学院*的商事部门。在这一行当,尤其是处理税务纠纷方面,他取得了受人瞩目的成功。虽然他在法律生涯起步阶段就加入了律师学院步兵团(Inns of Court Regiment),并饶有兴趣地进行狩猎之类的消遣,但在1930年代中期,他那一直偏自由主义的政治观念决定性地左转了,这甚至发生在他和珍妮弗·哈特交往之前,后者已于1934年加入共产党,而她最初是一名公务员——那时他们开始同居——甚至还受苏联方面专人领导。但就像她(她和哈特在1941年年底结婚)后来写的:"他在理论和实践层面都强烈反对共产主义。"①

　　1940年6月,哈特加入军情五处,这是英国的反间谍情报组织。直到战争结束,他都在军情五处效力,工作内容包括反间谍、向敌人传播虚假情报、处理军情六处破译的高度机密的德国密码等。在军情五处内部,他被认为极有才干、十足可靠且富有洞察力。终其一生,哈特绝口不提他所知道的相关秘密,这体现了他的爱国心。

　　战争结束后,他没有回去当律师,而是选择重返新学院,成了一名哲学研究员兼导师(tutor)。人们希望他能也预测他会保持他导师 H. W. B. 约瑟夫——一位柏拉图主义者——的反经验主义传统,但他立即被吸引到了拥有现代心智的反对派那一边,也就

---

* 英国四大律师学院之一,另外三个分别是内殿、中殿和格雷律师学院。——译者
① Jenifer Hart, *Ask Me No More*, p. 72.

是以 J. L. 奥斯汀为首的哲学家圈子。和其他人一样,哈特喜欢把这群哲学家贯彻的哲学思考方式称为语言式的(linguistic,注重语言分析的),有时也称为分析性的。但哈特一直在讲授柏拉图的法律和政治理论,直到他于 1952 年被选为法理学讲席教授。

1953 年,哈特发表就职演讲,这一演讲为一种散发着语言哲学气息的分析法理学设定了议程,作出了示范。哈特将这种分析法理学描述为杰里米·边沁从事的法理学,甚至认为这就是边沁开创的。尽管如此,正如后文中说到的,从深层结构来看,哈特的杰作《法律的概念》(*The Concept of Law*,1961)既不是语言式的,也不是分析性的。哈特最著名的作品《法律、自由与道德》(*Law, Liberty, and Morality*,1963)和哲学方法论上的新潮流也没什么关系。

1968 年,《惩罚与责任》(*Essays on Punishment and Responsibility*)面世,这时距离他退休还有六年。哈特觉得自己已经把该说的话都说完了,因此离开了法理学讲席和学校(虽然还住在位于牛津中心的家里)。② 之后的五年,他致力于编辑边沁对法律、权利、权力和法律语言的相关说明,并以论说文的形式对其进行评论。他也继续从事他于 1966 年开始做的准政府工作——作为一名垄断委员会的成员履行相关职责。1973 至 1978 年,他以布雷齐诺斯学院院长的身份正式重返牛津,此后直到他于 1992 年 12 月去世,大学学院一直留有一个房间供他工作,他在那里作

---

② Lacey, *H. L. A. Hart*, p.289.

为法理学教授讲课、写作。在最后十多年岁月中,他的主要学术关切是回应《法律的概念》的某些主要批评者;这一工作的最终成果是对罗纳德·德沃金的一项回应,后者是他的讲席继承人;这一回应由哈特在法理学上最亲密的继承人约瑟夫·拉兹编辑,并作为《法律的概念》第二版的跋于 1994 年面世,此时哈特已经逝世。

在度过 70 岁生日后不久,哈特写道:

> 对许多人来说,丧失这样一种信念——某些并非仅是人之态度或政策的东西可以作为(道德判断和论证的)依据——就像并依旧会像丧失对上帝的信念一样严重。③

哈特的传记出版于 2004 年。这本传记不避秘辛,在哲学层面也颇具信息量。④ 从中我们可以看到,哈特早已抛弃对上帝的信念。至少事后看来,每件事都显示出他也丧失了另一种信念,即道德判断确实能够为真;起码从他开始发表哲学作品时起,他就这么想了。不过,哈特履行了保卫自己国家的战时义务,对自己的家庭尽心尽责,对他们那个年纪最小、不幸残疾的孩子也是悉心照顾。与这些表现类似,哈特作为一个哲学家、教师、指导者、同事和朋友所做的种种,都充分展现出他拥有诸多卓越的道德品性。

---

③ Hart, "Morality and Reality", p. 35.
④ Lacey, *H. L. A. Hart*.

二

从哈特"二战"后重返牛津到《法律的概念》出版的这些年间,有一些政治哲学观念在牛津占据支配地位。只有把哈特的工作与这些政治哲学观念对照着来评估,我们才能理解哈特的重要性。虽然和哈特自己的哲学发展过程类似,这些观念可能也可以分为前"语言式"观念和"语言式"观念,但它们依然有许多共同点。正如埃里克·沃格林在他写于1952年夏天的刻薄文章《牛津政治哲学家》[5]中详细描述的,像 A. D. 林赛(A. D. Lindsay)那样对方法论颇为了解,且很具代表性的当代前语言式牛津政治哲学家主张,通过研究有助于国家稳定存在的"起作用的理想"(operative ideals),例如公民的信念,政治理论超越了对制度的描述。这一思想使政治理论本质上成了一种观念史,它以一种(如沃格林所观察到的)神学风格作些归类、整理和公理化工作(它不是从哲学思考中获得自己的原理,而是将原理看作给定的、**教义般的**存在)。林赛承认,起作用的理想的"绝对价值"何在这一问题依然存在,但他的这一让步转瞬即逝:"政治理论家的首要工作"依然是理解**实际起作用的**理想;"于是,政治理论就和事实相关"。[6]

---

[5] Voegelin,"The Oxford Political Philosophers",p. 108.
[6] 林赛(在其著作中这样写道):"它是一门哲学性学科,这不是因为它试图以形而上学作为我们政治行为的基础,而是因为它要求我们反思我们实际所做和所意欲之事,使我们明了自己行为的未言明意涵,搞清楚我们的行动实际所依赖的假设是什么。"(Lindsay,*The Modern Democratic State*,p. 45; cf. pp. 37—38,47.)

语言-哲学进路的政治哲学观念在1950年左右取得支配地位,那么这一进路的关注点是什么呢?在这一进路的支配地位即将走到尽头之际,安东尼·昆顿(Anthony Quinton)在为《牛津政治哲学读本》(*Oxford Readings in Political Philosophy*)所写的导言中做了一个颇受人认可的概括。据昆顿说,从柏拉图和亚里士多德到马克思和密尔,政治哲学(或者用同义词说就是政治思想或政治理论)中的伟大作品包括:(a)"对政治制度和政治活动的事实性或描述性说明"(政治科学);(b)"关于政治活动应当追求哪些理想目标,能实现那些目标的政治制度该如何设计的建议"(意识形态);以及(c)只占"很小的部分,虽然一般来说也是很关键的部分"的"概念推理"。据昆顿说,这种推理现在被认为是唯一恰当的哲学活动,也就是"对实质性的一阶学科"或思考方式——"关注这个世界的某一方面或某一领域"的学科或思考方式——"中的术语、陈述和论证作归类与分析"。这类思考方式与哲学不同,哲学是"概念性和批判性的,关心它们(亦即那些实质性的一阶思考方式)本身而非关心它们所探究的现实"。⑦

　　是什么使推理变成概念性的和/或分析性的?这种推理如何能够在那两类研究——描述历史上实际存在的社会中的制度,以及"推荐理想"(或者其实就是林赛式的对"理想"的历史说明)——之外作出自己的贡献?昆顿并没有处理这些问题,事实上,整个哲

---

⑦ Quinton, *Political Philosophy*, p.1.(即前文所说的《牛津政治哲学读本》,书名为《政治哲学》,属于牛津哲学读本系列,菲尼斯在正文中直接以斜体将书名写成《牛津政治哲学读本》。此外,昆顿为此书编者而非作者。——译者)昆顿不加否认地介绍了(前引书,第2页)"广为接受"的观念,即"除了致力于消极工作——揭示那些以很寻常的方式论述政治问题的人的概念错误和方法论误解——的政治哲学,确实没别的政治哲学了"。

学流派——其自我理解正如昆顿前面所澄清的那般——都没有处理这些问题。哈特亦然。尽管他依靠对诸"概念"的"分析"发展出了《法律的概念》中的许多部分,但他几乎从未清楚解释过什么才算是概念性的或分析性的,如何才算是在这类分析中取得了成功。⑧但是,他所举出的《法律的概念》中可以算作是其哲学工作成果的那些部分,以及据以得出这些成果的论证,这两方面的证据一起以行动证明了,政治哲学过去可以现在也依然能够以决非如昆顿的三分组合(描述制度、推荐意识形态、分析概念)所设想的那种方式来做。不唯如是,这种政治哲学研究方式还延续了政治哲学传统的主要部分,而昆顿的三分组合则歪曲了这一传统。

哈特在为《法律的概念》写的前言中提到了"此书的政治哲学"。这似乎指向该书的其中两个论点或者说命题。第一个命题通过对诸"概念"的"分析"被扎实地**澄清**了。哈特宣称,通过"参考""内在观点"的"表现"(manifestations),我们可以提供一种"分析"来驱散"围绕在国家、权威和官员[这些概念(它们横跨法律理论和政治理论)]周围的迷雾"。(所谓内在观点,就是那样一些人的观点:"他们并非仅仅记录和预测遵从规则的行为,而且也**使用**规则作为标准来评价他们自己和别人的行为。")因为,虽然某些内在观点——那些"原初规则(primary rules)支配的简单体制(regime)"中的内在观点——的表现是"最为基础的",但是在"引入……次生规则(secondary rules)"后,"从内在观点出发所说的话

---

⑧ 他以赞许的态度引用了(*Concept of Law*, preface)"日常语言""分析"哲学牛津学派领袖 J. L. 奥斯汀的说法:"对语词的敏锐意识(可以使)我们对现象(phenomena)的感知(perception)变得敏锐。"这里的"感知"是理解(understanding)的含混说法,而"现象"指的是现实(reality)或真相(truth)。

和所做的事的范围大大扩展,且变得多样化了"。* 次生规则的引入带来了"一整批新概念……(包括)立法、审判管辖权、效力和一般所谓的私人的或公共的法律权力"。因此,"规定义务的原初规则和规定识别、改变和裁判的次生规则的结合"不只是法律体系的核心,也是"分析困扰着法学家和政治理论家的许多问题的最有力工具"。⑨

在此,评论者在这一分析的细节中发现的诸多技术性问题并不重要。⑩ 重要的是哈特为证明下面这个观点所作的论证:他用新的技术性术语——内在观点与外在观点;原初规则和次生规则——标示出的一些区别不只存在于法律思想或政治理论中,也存在于社会现实中。哈特常喜欢把社会现实称为"社会现象",这种现实是指,即便它不(像它在此时、此地这般)存在,在有利的状况中它也可以被深思熟虑地、合理地创造出来,从而出现国家、法律、法律体系、法院、立法机构等。这一论证之所以重要,是因为它

---

* 哈特的"primary rules"和"secondary rules"常被译为主要规则、次要规则。这种译法多少有些误导人,因为哈特并不认为前一类规则更重要。事实上,如果从效力角度来看,第二类规则特别是识别规则(rule of recognition)地位还更高些。哈特在《法律的概念》中用了从类似自然状态的前法律状态进入法律状态的推理,"primary rules"是前法律状态中就有的,是原初规则,"secondary rules"则是为了补救这种状态的缺陷而衍生出来的,是次生规则。也有译成第一性规则与第二性规则、基础规则与二级规则的,这些译法稍准确些,但也没有很好地传达出两类规则的具体意涵以及彼此之间的关系。——译者

⑨ 这段的所有引用均来自:*Concept of Law*, pp. 98-99. (在 1961 年版中,对应段落在该处的四或五页前。)

⑩ 例如像约瑟夫·拉兹指出的,并非所有次生规则都是授予权力的规则,也并非所有授予权力的规则都是次生规则("The Functions of Law", in Raz, *The Authority of Law*, pp. 163-179, 178-179)。事实上,在两类规则的区分和关系问题上,《法律的概念》中存在大量术语不一致和实质性变化,"内在"观点和"外在"观点的具体特征和内容也是如此。

声称,另外那些对法律的"一般"说明既没能识别出法律规则**发挥功能**(function)的各种方式,也没能识别出——这一点更为根本——社会规则、法律体系和法律体系的主要部分所服务于的或者说所拥有的多种**功能**。

所以,规则根本上是通过两种方式,亦即施加义务和授予权力来发挥引导行为这一功能的。然而,如果有诸如凯尔森那样的理论家否认有两种发挥规范性功能的方式这一点非常重要,那么哈特会指出两类规则所服务的不同功能来驳斥他。**施加义务的**规则不仅引导不肯合作者(以制裁来威胁他们),也引导那些只要被告知要做什么就乐于合作的人。[11]"从那些行使它们的(平民的)内在观点来"理解,**授予权力的**规则给了平民因成为"私人立法者"而能获得的"巨大且特别的便利","使之能够在(他们的)契约、信托、遗嘱和其他(他们因此)能创立的权利义务结构的范围内,自行决定法律过程(the course of the law)"。而将授予**公共**权力的规则引入社会"这一**前进脚步**对于社会来说就像发明轮子一样重要"[12],这些规则授予了诸如立法权或司法权等公共权力,使法律的颁布和法院的指令拥有了权威。规范类型(即发挥功能的方式)的差异植根于社会功能的差异,亦即植根于**重视它们的不同理由**,这种差异的存在使权力行使成了"一种**有目的的活动**形式,全然不同于履行责任或顺从强制性控制"[13]。

---

[11] *Concept of Law*, pp. 39-40. 严格来说,制裁的威胁是由独特的或者说可区分开来的辅助规则创造的,这些规则授权官员并在一定程度上要求官员对那些违反施加义务之规则的人施加惩罚。

[12] *Ibid.*, pp. 41-42(黑体为本文作者所加)。

[13] *Ibid.*, p. 41(黑体为本文作者所加)。

虽然哈特继续忠实地将这一论证说成是"对存在两类规则这样一个主张涉及哪些内容……给出某种分析"[14],但很清楚,他对"法律之特征"的解释以及他认为自己的解释拥有较大"解释力"这一主张中所包含的信息已经不只是语言式的或分析性的了。[15] 相反,这是对真实人类境况的某些方面的承认、提醒或揭示。哈特在后文中对"需求和功能"这些概念的基础做了反思,这些反思可以让我们看得更为清楚:根据哈特的自我理解,诉诸功能是"参照事物作出的贡献来**同时描述和评估**事物的方式"[16],所谓贡献,即对"人类活动的真正(proper)目的"[17]所作的贡献。

哈特的前述反思和他认为作出了政治哲学贡献的两个论点、两个命题中的第二个有关:在《法律的概念》的其中一章"法律与道德"中,哈特对他所谓的"自然法的最低限度内容"所作的讨论。[18]以"自然法的最低限度内容"为题(题目也可以是"实定法的最低限度内容")[19]的那一节强烈主张——虽然有许多迹象表明哈特这么说时很焦虑——我们应该拒绝"一个实证主义命题,即'法律可以

---

[14] *Concept of Law*, p. 81.

[15] *Ibid.*

[16] *Ibid.*, p. 192(黑体为本文作者所加)。

[17] *Ibid.*, p. 191.

[18] *Ibid.*, p. 193.

[19] 因为第 199 页得出的结论与"国内法的不可或缺的特征"有关,并且拒斥了"实证主义命题'法律可以包含任何内容'"。也可参见《实证主义和法律与道德的分离》一文中这个表述:"法律体系必须包含什么内容"。但哈特的注意力在任何能够存在下去的社会(亦即只靠原初的、前法律的规则而存在的社会)绝不能缺少的特征和任何法律体系(原初规则和次生规则及制度一同存在于其中)绝不可缺少的特征之间摇摆。借助克里斯托瓦尔·奥雷戈(Cristóbal Orrego)对我的评论,我已明白了这一点。克里斯托瓦尔·奥雷戈对哈特的理解举世无双,参见他的《H.L.A.哈特》(*H.L.A. Hart*)。

包含任何内容'"。除了语词定义、"对事实作平常陈述"之外,还存在"第三类陈述:那些陈述的真值取决于人类及其生活的世界是否保持着它们所具有的显著特征"。[20] 更准确地说,这种偶然的**普遍真理**包括对哈特所谓的"自然必然性"所作的陈述,在这一明确的上下文中,哈特所谓的自然必然性意味着由一个普遍的人类"目标"和许多自然事实或者说"常理"(truisms)的结合所产生的**理性**(rational)必然性。所谓常理,举例来说就是,人们彼此之间在力量和脆弱性方面大致平等;人们的"利他主义"、理解力和意志力都是有限的;人们面临着资源匮乏的处境,需要通过劳动分工来开发资源。[21] 给定"继续存在"("存活")这一共有的或者说普遍的愿望,以及脆弱性这一常理,"理性所要求的就是**强制性体系中的自愿合作**"。[22]

哈特为自己径直提出的这一挑战——挑战的对象不只是凯尔森式的法律实证主义,还包括政治哲学中盛行的方法论假定(例如昆顿或林赛的假定)——感到焦虑,这一焦虑在位于上述内容之前的、作为这些内容的预备工作的几页中有所显现。一方面,他在此处说明,甚至在亚里士多德式的宇宙论和物理学原理已被抛弃的情况下,我们依然没法在没有一种"目的论观点"的情况下合乎情理地谈论人或充分理解人。他以我们的下述说法为例来说明这点:自然的"人的**需求**,满足这种需求是**好的**(good)"[23],以及"身体

---

[20] *Concept of Law*, pp. 199-200.
[21] Ibid., pp. 194-197.
[22] Ibid., p. 198.
[23] Ibid., p. 190(黑体为哈特所加)。

器官的**功能**"㉔——所有这些说法使我们有可能谈论伤害(harm)和损害(injury)。虽然没有明白地赞同或否认,但哈特还是勾勒了一个更完善的关于人之存在和本性的目的论版本:"一种生物性成熟(biological maturity)和身体力量发展完善的状态",它"也包括人类独有的、体现在思想和行为中的心智和品格的发展与卓越"。㉕

另一方面,就在这里他退却了,他声称:

> 使这一思想和表达模式具有意义的是……这个心照不宣的假定,即人类活动的真正目的是存活下来,而这依赖于一个简单的偶然事实,即大多数人在大部分时候都希望能继续生存下去。㉖

他把这一受到极大限定——且具有深刻模糊性㉗——的观念"人类活动的真正目的"归于霍布斯和休谟,(他认为)我们应该选择霍

㉔ *Concept of Law*, p.191(黑体为哈特所加)。

㉕ Ibid., p.190.

㉖ Ibid., p.191. 他接着写道:"我们会说有些行动本性上就是好的,这就是为存活所需的行动;人类需求、伤害和身体器官或变革的**功能**等观念依赖于同一个简单事实。"也可参见《实证主义和法律与道德的分离》(1958)中(这一说法)的一个稍早版本,载哈特:《法理学与哲学论文集》(*Essays in Jurisprudence and Philosophy*),第81页:"……如果问法律体系必须有什么内容,那么只有当我们的同胞和**我们这些认为它怀有这一谦卑的存活目标的人**想法差不多时,这个问题才值得一问。"(黑体为本文作者所加)

㉗ 谁的存活是我的目的?不惜任何代价都要确保我自己存活?如果会给我自己的存活带来某种危险甚至使我付出一定代价,我孩子或朋友的存活还是我的目的吗?我的城市或国家的存活呢?……

布斯和休谟关于人之目的的"适度的"(modest)或者说"卑下的"(humble)观念,而非亚里士多德或阿奎那的"更为复杂和更具争议的"观念。在此书中,并无迹象表明哈特注意到了"存活下去"——即便我们不去理会这一说法模糊性——是非常不充分的,作为一个目标或者说目的,它远不足以为发展完善的"心智和品格的卓越"作出说明。这种不充分性还不止于此,因为存活下去这一关切尚未触及对他的法律概念的根本成分的说明:次生规则被引入(这一点在他的第一个论点、第一个命题中已经得到清楚说明),补救那些困扰着仅仅由属于"社会道德的"前法律的"原初规则"("social morality"s' pre-legal "primary rules")管控的社会的弊病——这是一些社会问题。

哈特没过多久便默认了这种不充分性。在之后那年写到"社会道德"时,他不再将其看作是暂时的前法律规则,而是理解为在法律之外的、即使在以法律手段维持秩序的社会中也受到承认的标准。由此,他对普遍的价值、德性和标准做了清晰的说明。虽然这种说法依旧是在一种据称是霍布斯式的基础上给出的,但现在,他加了一个经过调整的原理(rationale):

> ……所有社会道德……多多少少都对诸如个人自由、生命安全、免受有意施加的伤害等普遍价值作出了规定……其次……作为社会道德实践之特征的心境或者说心态很有价值,事实上在任何社会,对人们而言,培育和维续这种心态都是非常重要的。因为在任何一种社会道德的实践中,都必然存在或可被称为**形式**价值的东西,它们不同于相应的**实质**价

值。在和他人的道德关系中，个体从非个人的观点来看待行为问题，并将一般性规则无偏私地适用于自己和他人；他了解并考虑到了他人的欲求、期待和反应；他以自律和自控来调整自己的行为，以此来适应一个由对等主张构成的体系。这些是具有普遍意义的德性，事实上，用以对待行为的独特道德态度就表现为这些德性……我们必须进行霍布斯式的实验，想象这些德性完全消失，才能看到它们对任何人类生活中的合作形式、对任何成功的个人生活都具有至关重要的意义。㉘

因此，合作与社会规则拥有一个远超出存活目的的原理：一种成功的个人生活。约翰·罗尔斯在《正义论》(*A Theory of Justice*, 1971)中详细阐述了这一原理，可见于他对"薄的善理论"(thin theory of good)——"基本善品"(primary goods)之范围——的解释。基本善品对我们每个人来说都是好的(good)，因为"**无论我们还想要什么**"，这些都是我们需要的。㉙ 在1967年，哈特自己也为

㉘ Hart, *Law, Liberty, and Morality*, pp. 70-71. 这一段继续写道："任何批判性道德原则，只要不是对最基本的人性事实以及人类必须在其中过活的环境毫不关心，就不能全然不顾这些德性。"

㉙ Rawls, *A Theory of Justice*, pp. 396-407, 433-434. 因此，罗尔斯所说的"基本善品"（"自由和机会，收入和财富，以及最重要的自尊"）是这样一些善品："无论你还想要什么……要这些都是理性的，因为一般而言，对于设计和执行理性生活计划来说，它们都是必要的。"（参见前引书第433页；也可参见第253、260、328页）罗尔斯显然**没有**主张"从日常生活观点出发的，判断卓越的标准缺乏理性基础"，他承认"根据其活动和成果的卓越性来衡量，不同个体的自由和幸福有着极为不同的价值"，并且显然可以对内在价值作出这种比较（参见前引书第328、329页）。但他绝不会允许这种差异化进入理性地确定基本正义原则的过程之中（前引书第327—332页）；这样做会与下面这点不符：他"在评价他人之卓越时拒绝至善原则，接受民主"（第527页；也可参见第419页）。

他那个经过调整的原理稍费了点笔墨:如果法律

> 作为一种用来实现人类目标的工具能有任何价值的话,它就必须包含关乎社会生活基本境况的规则……如果没有此类规则提供的保护和好处,人们在追求自己的任何目标时都会受到极大阻碍。[30]

这类规则是由社会道德规定的,但以这种方式来提供社会规则"使太多关乎社会规则之限制的准确范围和方式的问题陷入争议"。因此人们需要法律,需要一个法律体系,它拥有哈特阐发的第一个命题所点出的那类内容(相关功能就是由它们来发挥的):原初规则(大部分是施加义务的)和次生规则(大部分是授予权力的)的结合。[31]

因此,哈特和罗尔斯都突破了他们所在的哲学圈子中许多人所构想的政治哲学的边界。他们并不停留于描述制度、对存在于历史上的制度作出归纳,他们做的也不是推荐理想的工作,而是对人和群体**所需**之物和**理性**欲求之物作冷静的说明,对那些对于拥

---

[30] "Problems of the Philosophy of Law" [1967] reprinted in Hart, *Essays in Jurisprudence and Philosophy*, p. 112. 同时参见第113页:"经验[而非目的论]版本的[自然法]理论仅仅假定,无论法律还服务于其他什么目的,它们都必须能使人们生存下去,并安排自己的生活以更有效地追求自己的目标,只有这样,法律才能被所有理性的人接受。"以及第115页:"……所有人,只要他有目标要追求,那他就需要许多只有法律才能实实在在给予的……保护和好处。对任何理性的人来说,给予这些保护和好处的法律必定是有价值的,人们为此付出的代价——以法律对其自由施加限制为形式——常常是值得付出的。"

[31] *Ibid.*, p. 114.

有我们这种本性的存在者来说**普遍地**具有价值的(好的)事态和安排作严肃的说明。在此意义上,他们重新加入了柏拉图和亚里士多德开创的事业,虽然他们口头上只承认一个霍布斯式的人会承认的事业,后者公然嘲笑"老派的道德哲学家"[32],因为他们在谈论对于人来说什么是内在的、最完全且最基本的善之类的问题。

约翰·加德纳的一段评语颇有道理,他认为哈特和罗尔斯(以及其他一些没提到名字的人)"一起通过主张政治哲学相对于道德哲学其余部分的相对自主性而复兴了政治哲学(并在塑造和记录1960年代独特的自由主义上发挥了有益作用)"[33]。鉴于哈特的政治哲学深嵌于他的法哲学内部,人们也许可以更准确地说,哈特甚至尝试在**没有**道德哲学的情况下做政治哲学,或者在道德哲学给出的规范性内容像霍布斯宣称的那么少的情况下做政治哲学(哈特的写作在这两个选择之间摇摆,或者充其量也就是悬置判断了)。而哈特晚期的法哲学作品也表明——甚至比之前表现得更清楚——这一尝试只有在这种情况下才能维持下去:不理会他自己的主要方法论策略,亦即将反思的焦点放在现实、"现象"或相关概念的**中心**情形上;相反,关注边缘的、不完全合理的东西,以裁判为例,就是将裁判理解为在审判时没有道德责任感或不作证成,而很可能想搞个大新闻的讽世派或致力于推动异于或与法律之筹划

---

[32] Hobbes, *Leviathan*, c. xi (ed. Oakeshott)(Blackwell, 1960), p. 63.

[33] "Introduction by John Gardner", Hart, *Punishment and Responsibility: Essays in the Philosophy of Law* (2nd edn), pp. xlviii-xlix. 加德纳的表述"其余部分"提示了这一筹划根本上成问题的特征。他也对罗尔斯的《两种规则概念》与哈特的《惩罚原则绪论》(这是《惩罚与责任》的第一篇文章)之间的关系作出了很有价值的批判性说明(pp. xix-xxiii)。

（以及共同善）相反的筹划的马基雅维利主义者所作出的判决。㉞另一方面，哈特的晚期作品也表明，他愿意承认（至少通过他的暗示可以了解到），在一定程度上，所谓的政治哲学相对于道德哲学的自治性是无法成立的。他在反驳罗尔斯、密尔、诺奇克和德沃金时说道，将**基本的个人权利或自由**——例如他自己有意赞同的那些权利——奠基于功利论证之上，或奠基于个人的分立性（separateness）或人们要求的平等尊重之上，或奠基于原初状态中自利但对部分信息无知的各方的假然选择之上，这些尝试都注定失败：

> ……一种个人基本权利理论必须建立在一种具体的人的观念以及运用和发展独特的人类能力所需之物的观念之上。㉟

㉞ 在哈特的《论边沁》第265—268页中，这两个问题——(a)法官对民众法律义务所作的陈述意义为何，以及(b)法官在如此陈述和执行法律时自己持何种根据——都被视为关于"可能"情形的问题，亦即关于逻辑上或心理上的可能情形的问题，而不是在讨论对于寻找真正善好的行动理由的人来说，什么很有意义、很有道理。在第267页，在他最后发表的实质性法律理论的末尾，哈特在一定程度上承认，在主张"对民众法律义务的司法陈述不需要任何与民众的行动理由直接相关的东西"时，他是在自相矛盾地否定其法律理论据以建立的洞见，亦即规则是民众以及官员的行动理由。

㉟ Hart, *Essays in Jurisprudence and Philosophy*, p.17. 在此处，哈特还说："当罗尔斯教授回应我的论证时……他对自己理论的最初表述（在《正义论》中）作出修改以应对我的反驳，这些修改似乎意味着诉诸一种人之观念以及他所谓的道德能力之运用和发展所必需之物的观念，来确认他为之提供论证的基本自由和它们相对于其他价值的优先性。这一事实使我坚定了这一信念。"

并且,我们"亟须"这样一种权利理论。㊱

三

哈特的传记作者莱西认为,《法律、自由与道德》(1963)

> 自出版40多年以来,一直是有操守的自由主义社会政策在20世纪后期的响亮声明。它的观点持久地回荡在各种政治和思想论辩之中。㊲

这一论断绝非虚言。莱西将该书的核心论点准确界定为:"民主国家无权为了道德标准本身来强制实施道德标准:单纯的信念——比如说某些类型的性行为是不道德的——并不足以为禁止这些行为作辩护。"㊳跟哈特一样,她并没有意识到这一说法中潜藏着深刻的模糊性,正是这些模糊性使该书在形塑争论和政策时获得的巨大成功沦为了混淆和错误的胜利,这一胜利令人沮丧。

《法律、自由与道德》以对英国法的一个错误陈述开篇,这一错误直接暴露了这整本书对那些陷于争议中的政治-哲学问题的错误认识:

㊱ Hart, *ibid*., p.196(这篇文章最初发表于1979年)。这一模棱两可的说法暗示了,哈特怀疑我们有能力对此类事物作出理性的判断(或提出相关"理论")。

㊲ Lacey, *A Life*, p.7(亦即"关于诸如刑事司法政策、安乐死、堕胎和人权等一系列社会和法律问题"的争论);p.2("几乎所有法学、政治学和社会学的学生都依然在读……最近的一次是同性恋法律改革运动宣言")。

㊳ *Ibid*., pp.6-7.

附录 作为政治哲学家的哈特

1961年的自杀法案虽然只会对一小部分人的生活造成直接影响，但它依然是我们法律史上的里程碑。这是至少一个世纪以来，议会通过的第一部**完全不再对**既被传统基督教道德明确谴责又受到法律惩罚的**实践**施加刑事处罚的法案。[39]

不过，虽然个人私下自杀或尝试进行自杀的**行为**已不再是一种犯罪，但1961年的这一法令严厉地确认了（事实上是加强了）对任何社会性自杀**实践**——对自杀的一切类型的协助、建议、促进或佐助（assistance, advice, promotion, or facilitation）——的刑事惩罚和禁令。[40]

哈特继续写道：

> 许多人希望，这一自杀法案出台后还会有进一步的改革措施出现，从而某些形式的堕胎、成年人之间私下自愿进行的同性恋行为以及某些形式的安乐死将不再被定义为犯罪；因为他们认为，和自杀的情形一样，法律对这些行为的惩罚所直接或间接引发的痛苦要远大于这些实践可能引起的可想象的

---

[39] 《法律、自由与道德》序言开头几句（黑体为本文作者所加）。
[40] 《1961年自杀法案》第2节规定，任何事先或在自杀当时劝告（建议）、导致或协助自杀的人将受到最高14年的监禁；依据关于犯罪未遂的一般规定，任何提供此类建议或协助的尝试都是严重触犯刑法的行为。

伤害。㊶

在所有这些事情上,陷入争论的议题根本上具有一样的结构,而哈特完全忽视了这一结构。无论过去还是现在,这一问题都可表述如下:假定一个成年人或一些自愿的成年人之间真正的**私人行为**应该且/或已经不再被认为是犯罪,那么当出现对这类行为的**公开促进或佐助**时,相关法律以及社会的其他管控制度(例如公共教育)应该坚持何种政策?㊷ 毕竟,无论过去还是现在,英美世界外的许多国家都在**私人(领域)**和**公共(领域)**之间做了清晰的原则性区分,这一区分在以阿奎那为代表的哲学—神学传统中有很好的根据。㊸《阿根廷宪法》第 19 条对这一传统做了经典表述,这

㊶ Hart, *Law, Liberty, and Morality*,他还脱离实际地对此类改革将会在不远的将来出现这一点表示怀疑。成年人之间私下的同性恋行为在 1967 年就去罪化了,大部分堕胎行为也是如此(1968 年生效),更不必说 1969 年的制定法已经批准了一纸协议即可搞定的无过错离婚。在 1963 年,根据下述事件,人们可以轻易预料到这些措施的出台:1959 年淫秽出版物法案的出台,以及 1960 年对《查泰莱夫人的情人》的出版商所作的不成功的控诉;而说到同性恋行为,西蒙兹勋爵在"肖诉检察长案"的判词的相关段落中确实已经预料到出现相关措施"可能就在眼前了"[*Shaw v. Director of Public Prosecutions* (1962) A. C. 223 at 268;转引自:Hart, *Law, Liberty, and Morality*, p. 9]。

㊷ 在安乐死问题上,大部分对此有严肃反思的人,甚至那些认为安乐死本身在道德上无可指责的人,也得出结论说,不能将其看作私人事务,因为死亡永远会对他人产生影响(且往往是高度有利的影响),必须永远由公共权威机构来调查,以确保看上去自愿的行为确实是自愿的;允许一些人选择杀死别人,这种做法产生的影响全社会的后果对于脆弱的人来说是如此不公和不利,因此即便是哈特预期的"某些形式的安乐死"也会是一种严重的公共恶行。尤其参见:*When Death is Sought* (New York: New York State Task Force on Life and the Law, 1993);essay Ⅲ, 16 (1998b)。

㊸ ST Ⅰ-Ⅱ q. 100 a. 2c; q. 96 a. 3c; q. 98 a. 1c;还可参见:*Aquinas* 223-226 and ch. Ⅷ passim.

一条款自1853年起就没改动过,19世纪早期的许多宪法是其先驱:

> 19.对于那些绝不破坏[公共]秩序或违反公共道德、不伤害第三方的私人行为,法官无权过问,全由上帝处置。㊹

在身处这一传统的国家中,私下的同性恋性行为并不会被视作犯罪,但是——我们谈的是20世纪中期和更早之前的情况——通过禁止同性恋卖淫、同性恋宣传、同性恋度假区、在公共空间宣扬同性恋、同性恋收养孩子、同性恋色情描写等,同性恋实践被严厉阻遏。这一传统在欧洲人权公约(1950)中有含蓄的表达,后者允许以"道德规范"——指的是公共道德规范——为根据对五种受保护的权利和自由作出限制。㊺ 哈特在《法律、自由与道德》中绝没有表现出他意识到了存在这一传统。事实上,在他两次提及㊻那些并不把同性恋"行为"视作犯罪,但同性恋依然受到普遍厌恶的国

㊹ "Las acciones privadas de los hombres que de ningún modo ofendan al orden y a la moral pública, ni perjudiquen a un tercero, están sólo reservadas a Dios, y exentas de la autoridad de los magistrados."Constitution of the Argentine Nation, Art. 19, first part.

㊺ European Convention on Human Rights (1950), Arts. 6 (1), 8 (2), 9 (2), 10 (2), 11 (2).

㊻ 哈特在第52、68页写道:"认为如果国家不在法律惩罚中反映占压倒性优势的道德多数群体在同性恋问题上的道德观念,他们就会改变道德观念,甚至于能够改变道德观念,同时丧失这些深刻的本能般的感受,这似乎挺不可思议的,并且非常不符合那些法律不会对成人间私下自愿发生的同性恋行为施加刑罚的国家的经验。"(*Law, Liberty, and Morality*, pp.52,68.)

家时,他忽视了那些国家的法律条款在这些事情上**强制实施了公共道德**。

甚至在他引用西蒙兹勋爵细致阐发这一关键区分的段落时,哈特也完全错失了这一要点。这位勋爵说道:

> 让我们假设,在未来某时——可能就在眼前了——自愿的成年男性之间的同性幽会不再被认为是一种犯罪。即便没有猥亵内容,这种做法被小册子和广告堂而皇之地提倡、鼓励就不是一种(普通法上的)罪行了?[47]

哈特忽略了这一问题,[48]他将相关段落贬斥为"繁复花哨的司法修辞"[49]。

---

[47] *Shaw v. Director of Public Prosecutions* [1962] A. C. 233 at 268. 转引自:Hart,*Law*,*Liberty*,*and Morality*,p. 9.

[48] 最终,英国法律经历了这样一个过程:在私下进行的同性恋行为于1967年去罪化的35年后,私人登广告说自己可以进行(即便是非卖淫性质的)私下的同性恋行为依然算违反普通法[*Knuller*(*Publishing*,*Printing and Promotions*)*Ltd. v. Director of Public Prosecutions*(1973)A. C. 435,这个案子遵循西蒙兹勋爵在"肖案"中提出的观点];对"出于不道德目的在公共场所纠缠"的成文法禁令被反复重申,拓展到了成年男性对成年男性的公共纠缠[例如:*Regina v. Goddard* (1990) 92 Grim App. Rep. 185]。哈特后来对这些维护公共道德做法的态度,以及对致力于在公立学校压制孩子们中间不断上升的对同性恋抚育、收养和生活方式的拥护的短暂的支持性尝试的态度,参见后文中的注释。

[49] 他的注意力继续被两个想法分散(*Ibid.*,pp. 10-11):(1)勋爵赞同初审法官关于"导致公共道德败坏"的指示,这显示出"不需要……接近'公众',这里讨论的道德也不需要有别的'公共'意涵,只要它是被广泛接受的道德即可";(2)权威机构也许会借助普通法概念"败坏公共道德"——某种事实上并没有发生的情形——来指控已去罪化的行为本身,从而避开制定法上明确的去罪化规定,而如果这么尝试了,那么基于许多法律根据,这种做法不会成功。

但是，与哈特在处理自己的理论主题——**"强制实施道德本身"**这一观念——时犯下的错误相比，他在处理法律问题时的这些严重缺陷就不值一提了。

> 某些行为按主流标准来看不道德，这一事实是否给了人们充分的理由，去把它设定为可依法惩罚的行为？强制实施道德本身在道德上是否可允许？不道德本身就应该被当成犯罪吗？对于这一问题……⑩

这里我们要暂且搁置对哈特的讨论。（对于引文中提到的"这一问题"）起源于柏拉图和亚里士多德的政治哲学传统会作出如下回答："这一问题"不是一个问题，而至少是两个问题。因为那种行为"按主流标准是不道德的"这一事实从来都不足以证成对它的惩罚；众所周知，主流道德标准也许多少会是不道德的。如果像哈特那样认为"道德本身"可以等同于主流道德标准本身，那么我们可以用相同的回复作答。然而，如果"（不）道德本身"指的（正如它所应该指向的）是批判性道德所正确判定的（不）道德，那么这一传统就可分为两路：(a)柏拉图-亚里士多德式的观点。这类观点以家长主义的方式授权对不道德行为施加处罚，其目的是提升那些有不道德行为的人或不施加处罚就会作出不道德行为的人的品格。(b)托马斯传统，我们已经看到，《阿根廷宪法》对这一传统做了表述。只有在行为已经有了公开色彩，并损害公共秩序、公共道德或

---

⑩ Hart, *Law, Liberty, and Morality*, p. 4.

他人的权利时,托马斯传统才授权处罚。

遗憾的是,哈特并没有正视上述回应中的任何一种[51],而是投入了另一个方向。促使哈特这样做的原因是帕特里克·德富林的相关思考,后者是一个没有哲学修养的英国法官。在对批判性道德和实在道德作出贴切区分后,哈特将他那本书所要处理的问题概括如下:"我们要处理的就是用法律强制实施实在道德这样一个批判性道德问题。"[52]这确实是德富林的朴素(artless)问题。然而,这个问题并不值得认真对待。[53] 因为在思考道德与不道德之事时,"实在道德"从不是决定性因素。当然,风俗能够在批判性道德中获得规范性力量;并且,对自己实际成长于其中的道德,如果不能入乎其内、出乎其外的话,人们也无法触及批判性道德。但实在道德本身不过就是一群关心正确和错误的行动、性情之类的人所持有的一组意见。这些意见是关于那个群体的信念为何的事实,深思熟虑的人绝不会单凭这些意见来回答自己**应该**判定什么对什么错。

---

[51] 1967年,哈特再次思考了这场争论,他在文章开头(终于)提到了他所谓的"古典立场",这一立场相当于我们前面勾勒的柏拉图-亚里士多德式的观点;他忽视了托马斯主义立场,并表示他对古典立场无话可说。[这一段还证实他并没有意识到这一主流基督教(以及托马斯主义)立场,亦即神启道德的严格规定**同时也是**自然的。也就是说,在有利的认识条件下,可以通过独立于启示的理性来认识这些要求。]参见:"Social Solidarity and the Enforcement of Morality", in *Essays in Jurisprudence and Philosophy*, p. 248.

[52] Hart, *Law, Liberty and Morality*, p. 20.

[53] 哈特和德富林的辩论中有一个较为次要、空洞贫乏且缺乏具有一般性意义的佐证的(事实)问题,因此我先把它放在一边,这个问题是:如果不根据人们强烈主张的道德意见来定义犯罪,持有这些道德意见的人对社会和/或他们自己的道德的忠诚会不会瓦解?

用哈特自己的术语来说——利用他在《法律的概念》中所作的主要分析得出的丰硕成果[54]——从**内在观点**来理解的道德的中心情形就是(深思熟虑的人们认为的)**批判**的道德,亦即得到证成的道德。有意识思考之人所思考的是他们应该将什么算作行动的**理由**,他人将某些东西算作理由这一单纯的事实并没有使它成为一个理由(虽然作为某种证据推定——他人的信念得到了某种很好的理由的支持——的根据,它也许颇有说服力)。事实上,除非某人认为即便现在没人同意自己的观点,自己深思熟虑的判断在道德上也可以是正确的,否则他几乎不算是在道德地思考。如果我们对"道德本身"的要求感兴趣,那么诉诸实在道德就完全不着边际:道德本身就是**批判性的**(这不是说深思熟虑的人们会成功作出正确的批判性判断,或每个人或事实上是任何人都会同意他的判断)。

哈特单单关注实在道德,这使得这一论辩脱离了政治哲学的

---

[54] 注意,在《法律的概念》以道德为主题的布局清晰的讨论中(*Concept of Law*, pp. 168-184),哈特显然没能领会到,即便是支持广泛或普遍为人接受的道德的人,也不会——至少在中心情形中——因为其他人这么做而自己也支持它,他们之所以支持,是因为自己认为它是正确的。换句话说,就是认为它成功表达了个人和群体的幸福、尊严、荣誉、卓越等的要求,因而证成了自身。哈特上述分析中的这一严重问题于1972年被罗纳德·德沃金点破,德沃金将我所说的这种情形中的批判性内在观点描述为"**独立确信的一致**"(与之对立的是习惯的一致,在这种情况下,群体的普遍服从被个体成员算作是他们自己接受这一道德的理由或至少是其中一个理由)["The Model of Rule Ⅱ"(原载:"Social Rules and Legal Theory", *Yale L. J.*, 81, 1972, 855), in *Taking Rights Seriously*, p. 53.]在哈特逝世后发表的《法律的概念》后记中,哈特对这些说法作出了让步(第255—256页)。他承认,这本书并没有提供"对道德——无论是个人道德还是社会道德——的可靠说明"。事实上,最迟在1980年以后,哈特便意识到了这一错误,他承认这是个"很大"的错误。参见:Lacey, *H. L. A. Hart*, pp. 335-356。

主要传统,脱离了理由。这带来了一个草率的预设,即那些支持群体之道德的人在这样做时并没有什么道德理由,或者没有人需要探究那些道德理由可能是什么。[55] 这一危害深远的预设最早在哈特下述未加检省的假定中被表达了出来:"诸如同性恋等背离习传的性道德的行为,为不会伤害到他人的冒犯行为提供了再清楚不过的例子"[56],并且"性道德(显然)是由多变的喜好和风俗决定的"[57]。但是——我们且就哈特关注的那个问题来谈——那些确实判定同性恋行为**像其他非婚性行为一样**不道德的人虽然可能承认,两个私下已然是道德败坏的成年人私下的同性恋性行为并没有危害(伤害他人),但他们可以有力地争辩说,使小孩倾向于赞同成年人的同性恋性行为,使其有意在成年后参与这种行为,这种做法对于小孩和社会来说有着严重且不正义的危害;它之所以有危害,是因为它使小孩——并且最终可能是整个社会——在性行为必须为婚姻作出何种贡献(以及如果要作出这种贡献,性行为必须如何进行)等问题上陷入重大误解,而婚姻无疑是生养孩子和已婚人士自己实现完满人生的最有利且最恰当的环境(milieu)。[58] 当我们不只是认为性道德已经得到证成,而且以一种批判性反思的方式,或者是在一个真正以批判性态度去关注如何证成其判断的共同体或传统中支持这些性道德的时候,那么性道德显然就不只

---

[55] 德沃金最近的一些说法与哈特的错误所导致的这一后果很相似。见:Ronald Dworkin, *A Matter of Principle*, pp. 67-68, 368. 分析和批判,见:essay Ⅲ, 1 (1985a), nn. 17-31; essay Ⅱ, 6 (2008b), pp. 110-111.

[56] *Law, Liberty, and Morality*, preface.

[57] *Ibid.*, p. 73.

[58] 参见:essay 5, pp. 137-138.

是取决于或主要取决于不断变化的喜好和风俗,而是源自对人类本性的根本特征——人类幸福和完满之状态的特征——的鲜活判断,这些特征本质上不遵从于喜好和风俗,[59]柏拉图、亚里士多德对这些特征做了哲学性探究,阿奎那的探究则更为完备和充分。

我们讨论的性道德问题是这样一些问题:对其所作的合理论证和慎思并非只是在"推荐理想"。这种思考需要关注(个人的和社会的[60])人类需求、机会和秉性(makeup),关注生物、生理和心理层面的现实状况,以及诸如在友爱之中为人父母等精神可能性。如果布鲁姆斯伯里文化圈(Bloomsbury Set)——我们只提哈特最亲近的圈子在1930年代以及在这之后浸染的观念——推荐一种批判性的性伦理,据此,除了因爱生妒几乎没什么要禁止的,甚至认为配偶之间的友爱也不会因为与他人发生性行为而受到影响,那么,一种批判性的道德回应可以支持传统立场——不是将其**标榜**为传统的、基督教的或习传的立场,而是主张它对人之品格、有利环境和完满的看法更合乎现实。这种回应不能在此展开,提两点就够了。

首先,布鲁姆斯伯里文化圈对性行为的理解如今广为人接受和践行,对此所作的这种批判性道德回应根本上不只针对个人伦

---

[59] 柏拉图对他本人关于同性恋以及同性恋所受到的压制——这些压制来自那些受自己那不协调的诸欲望指引的人们——的判断所具有的反主流特征做了生动的评论。见:*Laws* Ⅷ,835C,839B.

[60] 首要的社会需求是充分且自发地应对莎士比亚的伊拉斯谟式十四行诗(*Sonnet* Ⅺ)中所提到的事实:"如果大家都这么想",也就是说,不再生殖,那么"时代就会停止/六十年后人类社会就将消失"。

理学，它也针对政治哲学。亚里士多德在《政治学》中选择进行毁灭性批判的第一个对象就是柏拉图在《理想国》中描写的共享性伴侣的思想实验。[61] 但在柏拉图的最后一本书《法律篇》中，他自己已经先发制人地采纳了这一批判的基本结论。在那本书里，在具体操作上并非致力于生殖的那类性行为被认为是不道德的，对政治共同体来说，这种性行为的流行是个威胁，因为这和男人与其妻子之间稳定、忠实且具有生殖性的友爱无法相容。[62] 核心家庭（及其祖父母、孙辈）是"自然且基本的社会群体单元"，这一点对政治哲学的创立者和对《世界人权宣言》第16条第3款的那些来自多元文化背景的作者、倡议人和签署人来说一样显而易见——显而易见的意思是，它并非仅仅是个假定，而是一个以对人、世界和社会的细致关注，以及与反对意见的交流论证为根据的命题。在研究实践理性的哲学（主要包括个人伦理学、政治哲学和法律理论）中，这一有根据的命题可以被看作是实践思考的首要原则之一，它将**婚姻**视为人类幸福的一个基本方面。[63]

其次，与布鲁姆斯伯里伦理进行直接的伦理交锋可以展现一种得到批判性证成的对性行为的理解[64]：对生殖性友爱和责任而言，婚姻是独一无二的恰当环境（context），当且仅当性行为是婚

---

[61] *Pol.* II, 1-2; 1260b37-1264b3; *Natural Law and Natural Rights*, pp. 144-146, 58-59.

[62] *Laws*, VIII, 835b-842a.

[63] 阿奎那将婚姻表述为实践理性其中一条首要原则的主题，参见：*Aquinas*, pp. 82, 97-98, 143-154.

[64] 参见：essay 5, p. 135-138; essay III, p. 20 (2008C)；以及其中引用的文献。

姻性的(夫妻间的),亦即把性行为视为表达、实现"投身于生殖性友爱和责任的环境"的行为,看作使配偶双方能够投入其中的行为,它才能被充分理解;如果配偶主张自己准备有条件地进行非婚性行为(或与参与这种行为的人沉瀣一气),或者如果他们甚至赞赏非婚性行为,那么这种可理解性就会消失。依这种观点——它是千百年来常识的一部分——被布鲁姆斯伯里伦理视为禁忌的因爱"生妒"(更准确地说是"生怨")既在意料之中,也是很自然的,因为唯有性行为最适合用来表达排他性的忠贞之志、**忠诚**,这一点是很自然的(亦即可以充分理解的);性解放伦理只会带来痛苦(misery)——套用哈特在《法律、自由与道德》中最喜欢用的词。人们渴求**忠诚**。努力——哪怕是取得成功的努力——压制和谴责自己与他人对这种渴求作出的反应,这种做法带来的副作用所引发的痛苦就是性解放伦理的其中一个有害结果。而这种痛苦还应包括性"解放"造成的更广泛的影响:它对处于非常依赖父母、脆弱且有许多需要的年龄段的孩子的影响,对那些被受过伤害的孩子杀害或伤害的人的影响,以及对弱者的非常广泛的影响。[65]

---

[65] 詹妮弗·哈特(Jenifer Hart, *Ask Me No More*, p. 38)辩称,布鲁姆斯伯里(文化圈)的性伦理是自然的;她评论说,这一圈子的创始成员"他们自己似乎没有感到性方面的妒忌"(这里的"他们自己"和"似乎"这两个词很重要);她还诉诸雪莱的《心之灵》(*Epipsychidion*)的第 149—163 行,里面谴责了对"一个受束缚的朋友"的忠诚,宣称"分割并非夺取"。在写作并发表这首诗一年后,雪莱认为它很拙劣、表达了错误的看法,因而否定了它:"我没法接受这首诗;它歌颂的人是云朵而非朱诺(Juno),可怜的伊克西翁(Ixion)从因他欣然接受……而产下的半人半马的后代开始……"(Letter to John Gisborne, 22 June, 1822.)更不必说他妻子的自杀以及他在性爱上的不专一给其他女性和孩子所带来的痛苦。

"1960年代独特的自由主义"的独特性表现在这一忧虑之中：不应把它对"社会强制实施对各种行为的道德谴责"的质疑看成是在质疑那些道德谴责本身。㊱ 这一忧虑无疑促使哈特坚决不与支持此类谴责及其直接或间接的强制实施的任何真实理据的任何部分纠缠。如果说那场遭受误解且非常贫乏的"哈特-德富林之争"以及哈特在这场争论中取得的似是而非的成功拥有巨大且持久的社会影响的话，那么这暗示了正在衰败的不仅仅是政治哲学这一实践。㊲

㊱ 不晚于1980年代，这种自由主义已经在改变法律和公共政策上取得了广泛成功，但依然想更进一步，于是，这些限制消失了。因此《H. L. A. 哈特》第356页提到："他（在1980年代）对撒切尔式社会政策——尤其是在教育和性道德领域——的反应已经变成暴怒。'28条款'禁止地方政府'促进'或利用基金'支持'（在由地方政府管理的学校中）宣传这一要旨：同性恋关系（'作为一种所谓的家庭关系'）与异性恋关系具有同样的道德价值。这一条款的颁行尤其令他愤怒。'我憎恶它……'，他告诉大卫·苏格曼，他在1988年采访了哈特。"

㊲ 哈特的导师和朋友H. W. B. 约瑟夫在哈特学生岁月的最初几年讲授了柏拉图的《理想国》对知识和善好的论述，哈特在1948年未加评注出版了这些讲稿。约瑟夫对洞穴寓言（*Rep.* 514a-517a）的要点所作的总结是他讲授这些内容的高潮：我们需要的不只是从不可避免的无知起步获得智识成长，还要"从一种我们本不应陷入但却因社会制度的邪恶培育而陷入的困境中"转变（conversion）；因为虽然让人们在没有这类制度的情况下"自由地"发展将只会放任其他压力来扭曲、阻碍可靠的判断，但事实上（扭曲、阻碍可靠的判断的）是："谎言的压力，这种压力的对象是身在国家之中的我们，正如他们现在的情形……只有通过艰苦奋斗人们才能达致真理，只有直面那些被它扰乱心思的人的指责和反对，他才能教诲真理。"[H. W. B. Joseph, *Knowledge and the Good in Plato's "Republic"* (ed. H. L. A. Hart) (OUP, 1948), pp. 43-44.] 在教诲批判性道德在政治、法律中所要排除之事和所作之要求时面临指责，这并不是哈特的命运；事实上，1960年代中期的工党政府迅速赞同和认可了哈特的教诲，该政府在色情文学、堕胎、同性恋和离婚等领域推行法律自由化。

四

在 21 世纪初，欧洲国家愈发明显地脱离了 1960 年代的社会政治状况，滑入了人口和文化衰败的轨道，陷入了对政治、宗教和教育言说以及与之关联的诸种自由的限制，无处不在的虚假的平等和多元性，由一种逆向殖民造成的人口迁徙与更替，以及随之而来的内部分裂——这似乎预示着不同族裔、宗教群体会因仇恨、杀戮陷入悲惨境遇，预示着政治瘫痪，不由让人想起南斯拉夫或黎凡特在 20 世纪末的类似状况。看来时机已到，我们应该对 20 世纪晚期的政治哲学作更广泛的反思了。如哈特的政治哲学所表现的，这些政治哲学是如此独特、如此有说服力、如此战无不胜。

哈特终究还是有一种政治哲学的，这是对怀疑主义的有意识抵抗。这一抵抗超越了方法论怀疑主义的背景，昆顿的表述可以作为后者的代表。这一点在哈特对 20 世纪行为主义式化约主义的拒斥中表现得特别明显，后者无论采取斯堪的纳维亚学派的形式还是美国法律"现实主义"的形式，都将规范性事物化约为预测性、魔幻性或诊断性（diagnostic）之物；在哈特对霍布斯式或奥斯丁[*]式说明的拒斥中也可看出这一点，这种说明将选择和行动仅

---

[*] 本书遵从中文学界的习惯，将语言哲学家 J. L. Austin 译为"奥斯汀"，法哲学家 John Austin 译为"奥斯丁"。——译者

仅解释为主导性欲望和肌肉收缩(muscular contraction);哈特对20世纪中期的犯罪学/刑罚学理论的拒斥同样如此,后者将人的行为仅仅看作是可阻止的危害的多多少少可预测的原因,从而拒绝了"责任"这一概念。[68]

然而,哈特自己在更为根本的事情上持怀疑主义立场,这种立场塑造和限制了这一抵抗本身的范围和内容。所谓更为根本之事,即道德判断的真值、真理性(正如我们已经看到的,这里说的是因为主张其是真的、可靠的、确实得到证成的而带有批判性的道德判断)。一直要到职业生涯晚期,哈特才允许自己在公开出版的作品中承认对道德判断真理性的这一深刻怀疑,更确切地说,是对道德判断真理性的否定。[69] 不过,贯穿《法律的概念》全书的决定性考虑是这样的:在政治哲学或法哲学问题上表明立场时,作者和读者都不需要作出这种判断,即是否存在任何"可被理性发现的正确行为的真正原则"[70],或者说道德判断是否只"表达了不断变化的

---

[68] 因此"怀疑主义"或类似概念在《惩罚与责任》的九篇文章中几乎都以对手的形象出现。

[69] 参见哈特:《道德与现实》,第35页,以及后文中对伯纳德·威廉斯的评论(essay 10, pp. 251-254)。

[70] *Concept of Law*, p. 186. 就在这里,此书用了一个明喻,在哈特从该书最初构思时开始写的笔记本里,这一说法就已经出现了,哈特将其视作此书构造的观念中存在的问题,或至少是其中一个主要问题:"争议一方似乎想对另一方说,'你如果不能看到这点你就瞎了',那他只会得到这种回答,'你一直在做梦。'"参见:Lacey, *H. L. A Hart*, p. 222; essay 10, at nn. 82-83.

人的态度、选择、要求或感受"[71]。在那本书中,"避开这些哲学难点"[72]的明白尝试使法律的原理被化约成了存活(这一目的),道德判断被等同于实在("习惯的一致")道德的表达(这种做法后来为哈特所拒斥),这也导致哈特一直拒绝给出内在观点的中心情形。

在讨论刑法的恰当限度时,道德怀疑主义自然是促使哈特离开柏拉图、亚里士多德和密尔的思考层面,而堕落到与德富林进行本质上是没什么哲学色彩且不切题的辩论的首要诱因。这一辩论在大众层面取得的成功显示了从《论自由》到《法律、自由与道德》这104年间哲学文化的普遍衰败。因为密尔那本书的第一章就把真正的根本性问题表达得一清二楚了。它通过这两个联系在一起的论点来澄清这一问题:(a)提升尚未成熟的个体或社会,或保护一个其任何公民在"心智训练"上的松懈可能导致国家被"外来攻击或内部暴乱"推翻的国家,这些好处可以证成国家强制;(b)对在现代社会中获得必要的最小限度提升或现代社会本身的必要最小限度提升而言,自由有着"有益……影响",并且是一种"持久的"影

---

[71] *Concept of Law*, p.168.

[72] Ibid. 这一点在后记中再次得到清晰的肯定。参见前引书,第253—254页。奥雷戈很雄辩地论证了,哈特假定和坚持法哲学在道德判断的客观性或真理性问题上持不可知论。(在晚年的作品中,他甚至对作为行动理由的法律规则和法律判断的客观性表示怀疑!)在很大程度上,他这么做的动机是保护法律实证主义免受这一指控(对纳粹之邪恶性的批判和惩罚使得伦理怀疑主义不再有吸引力,因此在"二战"后,这一指控很有杀伤力);这是一种陷入伦理怀疑主义和/或相对主义的理论(Orrego, "Hart's Last Legal Positivism", pp.77-78)。奥雷戈在第75页还证明,我(in essay 1, n.4)误解了哈特在其《论边沁》第266—267页所作的折磨人的讨论,因为我认为他在暗示道德怀疑主义,而事实上,哈特(虽然正如**其他**证据证明的,他是一个道德怀疑论者)在此暗示的是对指引行动的**法律**理由的客观性的怀疑。

响,因此,前一个论点中对"自由原则"所作的限制如今就可以直接不去理会了。哈特批判了《论自由》,他认为《论自由》依靠对"中年人的"谨慎心理和稳定心理所作的预设来证成为什么要拒绝家长主义,哪怕这种家长主义只针对无可争议的伤害。[73] 然而,他和所有那些受他启发产生的大量学术论述和面向公众的论述,都没有研究密尔的两个论点所提出的远为深刻、意义也更为深远的问题。

这一失败是更大失败的症状,即哈特没能检讨柏拉图和亚里士多德作过广泛探究的一个问题:能支持正义和自由以及政治哲学实践本身的政治制度以个人秉性和社会秉性中的哪些成分为前提?在检讨这一问题时,有两个内在关联的问题是首要且必须处理的:(a)为了反抗外来敌人,阻遏内部颠覆,或防止缺乏公民精神、忠诚、相互让步、为了共同善而作出个人或家庭牺牲的意愿,以维持政治体的存在,必须要有共享之同情心、记忆、脾性、信念和愿望,那么这些东西本身又有哪些前提条件;(b)为了维持人口,保持必要的公民精神,特别是维持被哈特及其追随者忽视的民族自治这一集体自由的意志,要用哪些方式教育孩子,需要何种繁衍关系和家庭关系的结构(以及相关社会经济实践、政治实践)。哈特勾勒了某种类似于亚里士多德所作的经由家庭和村坊上升到政治关系的论述。在《法律的概念》中,这一上升过程的终点是法律秩序,起点则是由属于"社会道德"的"原初规则"调节的前法律社会秩序,这种秩序只有在"一个通过血缘纽带、共同感情和信念紧密结

---

[73] Hart, *Law, Liberty, and Morality*, p.73. 因此哈特接受有限的家长主义措施,即或多或少与身体或身心伤害有关的家长主义。(关于密尔对自由的讨论,参见:essay I,18,sec. III.)

合起来的、处于稳定环境之中的小共同体"内部才可能持续或凑合。[74]虽然如此,他在考虑这些规则时却从没有问过,其中是否包含共同体内的生殖和教育安排所需要的规则。[75]哈特反复琢磨在以法律手段维持秩序的国家中官员和其他人之间的隔阂,他的思考聚焦于国内压迫的威胁,而非社会维续下去的前提条件。[76]

至于说《法律、自由与道德》,它避开或忽视与影响公共道德的活动——不同于自愿的成年人之间真正私人性质的行为——相关的问题,结果它完全忽略了这一问题:为了能够在面对内忧外患时维续政治文化、哲学乃至政治共同体本身,在生殖、教育和自我理解等方面必须具备哪些条件。一种有意避开"重要"道德问题——因为这些问题存在争议或者说不够中立——的自由主义[77]确实容易回避关键的事实、因果关系、相互依赖性和诸如此类之事,甚至当这些事情会在根本上决定结果时也是如此。这种自由主义还倾

---

[74] Concept of Law, pp. 92,169,198.

[75] 对比《尼各马可伦理学》:"夫妻之间的友爱似乎出于自然;因为人(man)结成配偶的自然倾向要胜过组建城邦的倾向,因为与城邦相比,家庭的组建出现得更早也更为必要……人类生活在一起不只是为了繁衍,还有许多其他生活目的;因为从一开始他们的功能就有区分,男人和女人的功能是不同的;因此他们发挥自己的独特天赋投入共同生活当中,从而帮助彼此。就是因为这些原因,我们似乎可以在这种类型的友爱中发现功利和快乐。但如果各方良善的话,这种友爱也可能以德性为基础;因为每一方都有他或她自己的德性,他们可能会因这一事实而喜欢对方。孩子似乎是这一联合体的一个纽带(这就是为什么没有孩子的人更容易分开);因为对彼此来说,孩子都是好的,共同的东西把人结合在一起。"(Nicomachean Ethics, Ⅷ.12:1162a 16-29.)

[76] 例如,参见:Concept of Law, p.117["这只绵羊(愤愤不平的大多数成员)也许会死在屠宰场中"]。

[77] 参见前文注释中引过的《法律、自由与道德》第70—71页的那段话。在《法律、自由与道德》第24页,哈特随意假定,相比于和"被强制实施的道德的内容"有关的任何问题,他与德富林争辩的那个(不重要且未获澄清的)政治道德问题"当然更有趣"。

向于忽略有效的滑坡论证的理性力量,[78]这种论证指明了采纳这些原则的重要性:它们不仅能为现在的人觉得可欲的行动和效果提供证成,还证成了其他人可能会在未来某时——也许就在眼下——欲求的行动和效果。[79]

想象下这样一个国家。它的那些拥有自由心性的公民普遍放弃按照与其共同体在可预见的将来能够存在下去所需要的人口相符的速度生殖——更确切地说,生育(bearing)——孩子;而根据已经可以充分观察到的后果,它的法律为他们标出了一条道路:首先是丧失民族自决;[80]随后作为一个民族被其他民族取代,无论新来者的心理、文化、宗教或政治观念、政治抱负是否与之兼容,无论那些观念和抱负是善是恶;最终,哈特为之努力或视之为理所当然的珍贵之物中的大部分或许多部分都会毁灭性地丧失。在这样一个国家,共同善、正义和自由之间是何种相互关系?从上文中我们

---

[78] 参见:Douglas Walton, *Slippery Slope Arguments*. 哈特公开发表的对堕胎的思考并没有表现出对下述问题的兴趣:以法律和公共政策批准对脆弱无辜的人进行杀戮——无论是在生命起点还是终点,还是在其他脆弱状况下,在给他人添麻烦、带来风险的情况下——会有哪些影响或后果。

[79] 1971 年哈特从澳大利亚回来,他那时对我说的话表明,他意识到,在 1960 年代为堕胎法律改革作辩护时,他没能预见到,学习这种做法——取消对由医生对患者实施的特定几类具体干预行为的刑事禁令——的制度变革和社会变革的规模会有多大,他如今认为这种规模的变革几乎是无法避免的。哈特的大致观点(文中没有承认他自己未能预见这些情况),参见:Hart, "Abortion Law Reform: The English Experience", *Melbourne University L Rev.*, 8 (1971-1972), 388, pp. 408-409. 至于这种解放的好处,哈特首先提到的是(*ibid.*, pp. 400-402, 411)非婚生育的减少,而这类生育数据在他写出这篇文章后(在所有英格兰和威尔士的生育数据中所占的比例)翻了五倍不止。他不愿相信法律变革已经导致或将会导致许多女性改变她们的性习惯或对避孕的态度(p. 402)。

[80] 参见我在拉兹的讨论基础之上所作的讨论,载:essay Ⅱ, 6, pp. 112-119.

可以看到,事实上,哈特的规范性政治哲学对此几乎什么也没说。因此这里出现了一个值得反思的有趣问题:沃格林在1952年描述过的那种"倾向"或者说"心态"(mood)在多大程度上助长了哈特那类政治哲学的缺陷,即便它们可能不愿(或至少是勉勉强强地)[31]受其影响?——沃格林在1952年描述说,这是一种把自己社会的存在(尤其当这个社会已经拥有"长久且辉煌的历史"时)视为理所当然的"事物秩序的一部分"的倾向,一种"漠视现实之结构、忘却'死于安乐'的教训、不顾公民道德败坏、对显而易见的危险视而不见、不愿严肃认真面对这些问题的倾向",一种不愿再为自己的生活方式而战的临近分裂的社会的心态[32](要服务于超出他们自己的民族和领土界限的共同善,这种生活方式同样是一个前提条件)。沃格林在同一段提到了与前述倾向形成鲜明**对比**的倾向:由某种信仰——例如自由主义、马克思主义或国家社会主义对本质上无可避免的文化进程的信念——塑造的**行动主义**(activism)倾向。是不是说情况恰好相反:那些政治-哲学缺陷其实得到了这

---

[31] 例如可参见莱西那本书(Lacey, *H. L. A Hart*)的第268—271页,尤其是第270页中所引用的1987年的采访。在这个采访中,哈特说:"我认为我在我的理论和我对此怀有的情感之间左右为难。"他当时说到了他支持开放边界政策("每个人都有资格进入的国家"),同时他又抱着这种观点:"继承而来的文化是有价值的,任何骤然抛弃这种文化的行为都要被反对,事实上这种做法骇人听闻……我觉得要求人们彻底不顾邻里和亲属纽带实在太过分了——这是一种空想的伦理,这种伦理幻想这些都可以抛开。"

[32] Voegelin, *The New Science of Politics*, p. 168. 在哈特要求我为他编的那套书写一本书,并将之命名为"自然法和自然权利"之后不久,我读了沃格林这本书以及他写于同一时期的评论牛津政治哲学家的论文。我的书给出了一种哲学理论,这一理论想要提供——正如沃格林的文章所观察到的——几乎所有牛津政治哲学家都错失的成分,他给这一成分取了名字("The Oxford Political Philosophers", pp. 103, 109):"一种原则的科学"以及"哲学人类学"。我觉得这些名字有些让人费解。

类行动主义倾向的鼓励？毕竟，密尔的行动主义"自由理论"——哈特就这么叫它——明确依赖这种信仰，对"自由那有益的**持久影响**"[83]的信仰。我们现在应该说，这是在依赖对这样一种历史进程的不那么理性的、精神错乱的信仰：这种历史进程已经将像我们这样的社会带到进步的高原，且**不会再**跌落下去。或者，其实那些缺陷跟这两类倾向都没关系，它们仅仅是牛津哲学家典型的糟糕讨论习惯造成的？举例来说，他们在讨论柏拉图或密尔的"理论"或"学说"时，会脱离它们最深刻的真值条件。因为这些"真值条件"——在广泛和充分的意义上用这个词——不只包含那些伟大作者超越理论和学说、触及现实（包括实在的现实和可实现的现实，除了融贯性，我们还要以现实作为衡量概念正确与否的标准）的合理意愿，也包括这些作者与读者对现实、对诸善[84]的细致关注，没有这种关注，我们不可能进行或者说无法有意义地进行任何类型的哲学探究。[85]

也有可能是相反的情况：这三种错误倾向是由我前面提到的那些哲学缺陷促成的。拒绝面对现实的全部画面，拒绝承认存在多少带有超验色彩的结构，这种深刻的拒斥我在第一节最后一段的开头几句话里已经提到了，而它会助长所有这些倾向。

---

[83] Mill, *On Liberty*, ch. 1（黑体为本文作者所加）。

[84] 将伦理学研究（包括政治理论）构想为一项**实践**事业具有根本意义，这一点请参见《伦理学基础》(*Fundamentals of Ethics*)，第1—6页。

[85] 参见：essay Ⅰ, 2 (1999a). 显然，柏拉图对追求真理和友爱的意愿，以及对与之相反的支配意愿的反思（在那篇论文里有处理）需要拓展开来，以将在历史上和政治中非常重要的实际情形容纳进来，将它们定位为次神学（sub-theological）、次哲学（sub-philosophical）的意愿（例如密尔的——或者至少可能是他妻子哈里特·泰勒的意愿），这是一种相信必然会进步、不去关注一个能持续存在的社会秩序（以及哲学的社会实践）的脆弱前提条件的意愿。

译 后 记

《法律、自由与道德》绝不是哈特最重要的作品，但却可能是他公共影响最大的作品。它是反法律道德主义的响亮宣言，是我们这个时代的《论自由》。

我第一次读这本书是在2014年寒假返校的高铁上，当时只是在kindle上粗粗翻了一遍。基本的感受是，此书虽然敏锐犀利，不时让人有拨云见日之感，但因为基本都在批驳德富林等人的具体观点，总体上显得细碎凌乱；同时由于论战对手不够高明，哈特的发挥也受到了限制。从那以后我一直没有细读此书，更没想过要去翻译它。但作为英美法哲学的研习者，当丛书主编吴彦老师问我是否愿意翻译此书时，我还是毫不犹豫地答应了。毕竟，这可是哈特的书！

需要说明的是，此书之前已经有过一个中译本（法律出版社2006年版），译者是中国社会科学院法学研究所研究员支振锋老师。与绝大多数中文世界的读者一样，我最初读的也是这个译本。译事维艰，相比前辈，如今我们的翻译条件已经好了太多，这主要得感谢中文学界特别是译界最近几十年筚路蓝缕积累下来的成果。具体就哈特著作的翻译而言，支振锋老师无疑是最重要的开路先锋之一，在此也向他致以特别的敬意。

这本书篇幅很短，内容也不算难，但我译得并不轻松，大部分文字都是在未满周岁的孩子睡下后强打精神译出来的。译完后又校对了九遍，次数不算少，但几次校对几乎连续进行，而熟悉翻译工作的朋友都知道，这么做的后果是对译文缺乏陌生感，很多问题可能会从眼前滑过，完全注意不到。也因此，我特别感谢中国人民大学法学院王星星、复旦大学法学院冯岳澄、清华大学哲学系吴芸菲三位同学，他们仔细阅读了译稿，提出了许多非常有用的修改建议。如果日后读者认为这个译本还算不错，我想有一半功劳得归于他们。

　　另外，我在书末附上了一篇约翰·菲尼斯的文章：《作为政治哲学家的哈特》。这篇译文最初是为吴彦老师的另一项出版计划准备的，但把它放在这里也挺合适。基本的考虑是，此书在它出版的年代多少带一点反主流、反教条色彩，但如今，至少在知识分子群体中，它支持的那类立场可能已经变成——套用哈特喜欢的表述——缺乏自我批判意识的实在道德，因此有必要展示下有足够深度的对立观点，让久已僵化的思想重新流动起来。

　　最后，我衷心感谢商务印书馆的编校人员为本书的出版所付出的辛勤劳动！对于书中的错误或疏漏之处，还盼读者和学界同人不吝指正。

钱一栋

2021 年 5 月 1 日于上海

作者简介

H. L. A. 哈特（1907—1992），当代英美法哲学开创者，曾任牛津大学法理学讲席教授（1954—1969）。代表作有《法律的概念》（1961）、《法律、自由与道德》（1963）、《论边沁》（1982）、《法理学与哲学论文集》（1983）等。哈特的主要研究领域为一般法理学，他在刑法哲学、政治哲学上也有重要成就，晚年专注于整理边沁的著作。此外，他还培养了一大批优秀的法哲学家，其中包括约瑟夫·拉兹、约翰·菲尼斯这两位当代法律实证主义和自然法理论的代表人物。

译者简介

钱一栋，同济大学法学院助理教授，研究领域为英美法哲学与政治哲学。

图书在版编目(CIP)数据

法律、自由与道德/(英)H. L. A. 哈特著;钱一栋译.
—北京:商务印书馆,2021(2023.12 重印)
(法哲学名著译丛)
ISBN 978-7-100-20239-8

Ⅰ.①法… Ⅱ.①H… ②钱… Ⅲ.①法哲学－研究 Ⅳ.①D903

中国版本图书馆 CIP 数据核字(2021)第 164330 号

权利保留,侵权必究。

法哲学名著译丛
法律、自由与道德
〔英〕H. L. A. 哈特 著
钱一栋 译

商 务 印 书 馆 出 版
(北京王府井大街 36 号 邮政编码 100710)
商 务 印 书 馆 发 行
北京艺辉伊航图文有限公司印刷
ISBN 978-7-100-20239-8

2021 年 11 月第 1 版　　　　开本 880×1230　1/32
2023 年 12 月北京第 4 次印刷　印张 4
定价:32.00 元